陈鹤琴◎著

大夏书系·名家经典

家庭教育

（第二版）

一切为
儿童
鹤琴识
八十八岁
于北京

华东师范大学出版社

全国百佳图书出版单位

目 录

CONTENTS

第三章　普通教导法 / 17

第四章　卫生上的习惯 / 35

第五章　卫生上的习惯（续） / 49

第六章　游戏与玩物 / 67

第九章　做父母的要以身作则 / **101**

第十章　小孩子怎样学习待人接物的 / **111**

第十一章　我们应当怎样责罚小孩子的 / 129

愿与天下父母共读之

陶行知

此书为东南大学教育科丛书之一，系近今中国出版教育专书中最有价值之著作。全书分 12 章，立家庭教育原则 101 条。前两章述儿童心理及普通教导法，为提纲挈领之讨论；后 10 章都是拿具体的事实来解释各项建议之涵义。在这书里，小孩子从醒到睡，从笑到哭，从吃到撒，从健康到生病，从待人到接物的种种问题，都得了很充分的讨论。这些讨论对于负家庭教育责任的，都有很具体的指导。

书中取材的来源不一，但有一个中心，这中心就是陈先生的儿子一鸣。著者在《自序》中曾声明各项材料之来源，但未指明一鸣就是这本书之中心人物。倘使我们把这本书从头到尾读它一遍，就觉得这是无可怀疑的。一百多条举例当中，在一鸣那儿来的，就占了 73 条之多，其余的事实只可算为陪客。陈先生得了这个实验的中心，于是可以把别人的学说在一鸣身上印证，自己的学说在一鸣身上归纳。据他自己所说，我们晓得《佛戴之教育》（*The Education of Karl Witte*）（编者注：现多译为《卡尔·威特的教育》）一书对于他研究家庭教育这个问题是很有影响的。佛戴小时通五国方言，9 岁进大学，14 岁得哲学博士，16 岁得法律博士并任柏林大学教授，都是他的父亲大佛戴的教育理想之实现。一鸣就是陈先生的佛戴，《家庭教育》一书就当作《一鸣之教育》看也是可以的。

郑宗海氏的《序》文上说："我阅过之后，但觉珠玑满幅，美不胜收，有数处神乎其技，已臻乎艺术的范域。"这种称赞并不过分。我现在要举一两个例来证明陈先生的艺术化的家庭教育。当他讨论游戏式的教育法时，他举了下面一个例：

> 今天（1924 年 4 月 18 日）下午我手里拿着一只照相机，叫我的妻子把我们的女儿秀霞放在摇椅里。预备要替她拍照的时候，一鸣就捷足先登，爬到椅子里去，也要我替他拍照，我再三劝告他，他总是不肯出来。后来，我笑嘻嘻地对他说："一鸣！你听着！我叫一，二，三；我叫'三'的时候，你就爬出来，爬得愈快愈好。"他看见我同他玩，也很高兴地答应我。歇了一歇，我就"一，二，三"地叫起来，说到"二"的时候，他一只脚踏在椅子的坐板上，两只手挨在椅子的边上，目光闪闪地朝我看着，等到我说到"三"的时候，他就一跃而出，以显出他敏捷的样子。

一鸣 3 岁大的时候，陈先生要一鸣把东西玩好以后，整理好放在原处，一鸣不依，他就想了下面说的一个法子：

> 后来我对他说："我帮助你一同弄。"我就"嗨嗬"、"嗨嗬"地叫着，替他整理起来；他看见我已经替他整理，也"嗨嗬"、"嗨嗬"地叫着，把书籍搬到他的书架上去了。

他讨论小孩子为什么怕，为什么哭的时候举了两个例，也可以显出他神乎其技的教育法：

> 我同一鸣（1 岁零 10 个月）在草地上游戏的时候，他看见一只大蟾蜍，就举起手来向后退，并且喊叫说"咬！咬！"

我走过去，在地上拾了一根棒头轻轻地去刺着那只蟾蜍说："蟾蜍你好吗?"后来他拿了我的棒头也去刺刺看，但是一触就缩回，仍显出怕的样子，但比当初好得多了。

有一天，我带一鸣（1岁零3个月）到东大附小去看小学生做戏。做戏的小学生们共有300多人，戏做得很好，观戏的人大家都鼓掌。在这个当儿，小孩子应当发生惧怕。但我一抱一鸣进门，就笑嘻嘻地对他说："你看这里许多小孩子。"后来看见小孩子要鼓掌的时候，我就对他说："我们也来拍掌。"他一听见小孩子拍掌，也就欢欢喜喜地鼓起掌来。

父母不会教养，小孩子不晓得要冤枉哭多少回。在这种家庭里面，小孩子早上醒了要哭，吃乳要哭，穿衣服要哭，换尿布要哭，洗脸要哭，拭鼻涕要哭，看见生人要哭，喊人抱要哭，讨糖吃要哭，跌了要哭，睡时脱衣服要哭，一天平均总得要哭十几回。估计起来全中国6岁以下的小孩子每年流的眼泪该有两万万斤。如果做父母的肯像陈先生这样细心教导儿童或是采用陈先生的教导方法，我敢说小孩的眼泪是可以省掉一万万八千万斤咧。

陈先生写这本书有一个一贯的主张。这个主张就是做父母的对于子女的教育应有一致的措施。中国家庭教育素主刚柔并济。父亲往往失之过严，母亲往往失之过宽。父母所用的方法是不一致的。虽然有时相成，但流弊未免太大。因为父母所施方法之宽严不同，子女竟至无所适从，不能了解事理之当然。并且方法过严，易失子女之爱心；过宽则易失子女之敬意。这都是父母主张不一致的弊病。陈先生此书所述各种教育方法，或宽或严，都以事体的性质为根据，不以施教育的人为转移。他和他的夫人对于一鸣的教育就是往这条路去走的。我们看他教一鸣，觉得他是个母亲化的父亲，姊姊化的父亲，但他从没有失掉父亲的本色。

这本书出来以后，小孩子可以多发些笑声，父母也可以少受些烦恼了。这本书是儿童幸福的源泉，也是父母幸福的源泉。著者既以科学的头脑、母亲的心肠做成此书，我愿读此书者亦务须用科学的头脑和母亲的心肠去领会此书之意义。我深信此书能解决父母许多疑难问题，就说它是中国做父母的必读之书，也不为过。这本书虽有许多贡献，但还是初步试验的成绩。有志儿童幸福者，倘能拿此书来做个基础，再谋进一步的贡献，那就更是我们所希望的了。

（本文原题为《评陈著之〈家庭教育〉——愿与天下父母共读之》，原载 1925 年 12 月 11 日《新教育评论》第一卷第二期。）

序

郑宗海

　　家庭教育素为我国所重。家庭教育的书籍，在我国也不乏善本。旧的如颜之推家训，近在如王諝所译之宁馨儿，儿童鉴等书，皆陈义丰瞻，行文畅达。但搜采具体的事实，运以浅鲜之文辞，可期家喻户晓的，那么陈君之书要算第一本了。

　　看书的法，有时要探其重要之主旨，有时要究其详细之方法，阅本书的，这两方面都要顾到的。但是假如方法上的细节，一时限于设备或环境，有未易实行的地方，那只须临时变通适用便是。最重要的还在得其精神，取法乎上，虽不能一蹴而就，能够步步逼近，便是进步的征象了。现在将本书的略历，约述一番。

　　大概教育界人都知道本书作者陈君鹤琴很是喜欢研究儿童心理和幼稚教育的。陈君在清华的时候，很热心于社会公益事项，他也极能与各种的人——学校里的同学，校外负贩驴夫以至乞丐——相接近。他到美国留学，先往约翰·霍普金斯大学，是校以研究精神著称于世，陈君想要研究地质，因陈君向来喜欢做观察实验功夫，实有科学家的精神。但后来陈君仍旧拿这种功夫回到"人"的研究上去，如今知道他的略历，也就可明白他是适宜于做那种研究的人了。

　　陈君回国后一年成了婚，再一年得了子。现来已有子女一对了！他既得了子，就有可以时时研究、时时实验的资料。他起初天天自己沐浴小孩，他一直将所发见的事分类地记载下来。有时把足以见到身心现状的材料摄了影。久久渐已积卷盈帙，分类的记载本，已十余本了！我和我内人去访问的时候，他时常拿给我们看。我虽也习教育，若就幼稚教育一项之实施而言，真是惭愧得很！不过向来对此也有兴味，既有良友之家可以观摩，无形中当然已得益不浅。

他一方既在东南大学教授儿童心理一科，一方又实地研究。他的兴味，自然益发浓厚。现在陈君把他数年的研究和经验实地的所得，作有系统的叙述。陈君且将稿件交我，使我有先睹为快的机会。我阅过之后，但觉珠玑满幅，美不胜收，有数处神乎其技，已臻乎艺术的范域。私幸有此一卷，置诸案头，可以奉为龟鉴。陈君以斯科专家而问序于我，忙惶之余，用赘数语于简端以志一人对于是书之感想，且以告家庭之有子弟者，是为序。

甲子冬月郑宗海识于南京①

---

① 1924 年冬。

自 序

　　小孩子实在难养得很！有时候，你不晓得他应当穿什么衣服，吃什么食物！有时候你不晓得他为什么哭的，为什么不肯吃！有时候，你不晓得他为什么生病的，为什么变得这样瘦弱的！有时候，你不晓得他为什么一个活泼的小孩子竟变为暮气沉沉的老少年！

　　小孩子不但是难养的，而稍明事理人，知道也难教得很！有时候，他非常来的倔强，你不晓得骂他好呢，还是打他好；让他去强霸好呢，还是去抑制他好。有时候，他睡在床里哭喊，你不晓得去抱他起来摇摇他好呢，还是让他大哭大喊的好！有时候，他要出去玩玩，你不晓得给他去玩好呢，还是禁止他好！有时候，他要东西吃，你不晓得给他吃好呢，还是不给他好！有时候，他要唱唱歌，你不晓得怎样教他唱，怎样教他学！有时候，他要认识字，画画图，你不晓得怎样教他识字，怎样教他画图。

　　像以上这种问题，稍具知识而要教养小孩子的父母，大概都曾遇到过的。小孩子实在是难教难养得很。

　　但是我们做父母的是不是因小孩子难以教养就不去教养他呢？我们知道幼稚期（自出生至7岁）是人生最重要的一个时期，什么习惯、言语、技能、思想、态度、情绪，都要在此时期打一个基础，若基础打得不稳固，那健全的人格就不容易形成了。所以我们还是要去教养我们小孩子的。著者不揣固陋，本个人之学识经验，编集是书以供负教育子女之责者之参考。

本书共分 12 章①。先略述儿童之心理与学习之性质及原则，以为施行家庭教育之基础；次述普通教导法以作选择家庭教育原则之纲要；继述关于卫生教育、情绪教育、群育及智育各方面之原则凡 90 条，本书前后所有原则，共计 101 条，每条原则后面举事实一二以解释原则的真谛并加以讨论，以使阅者对于该条原则的意义能够格外了然。书中所举例子，一部分是由张君洪城供给的，一部分是设想的，一部分是由别的书中摘取的，一部分是由我实地经验得来的。

现在我要把我应当特别感谢的几位在此声明一下。我首先要感谢的就是我所参考各种书籍的著者，他们的意思我直接或间接采取的地方很多。然我最所感谢的就是我友郑君晓沧（宗海）。约五年前他介绍给我两本书看：一本是 Bruce and Wiener 两氏所著之 *The Education of Karl Witte*（《佛戴之教育》）及 Winifred S. Stoner 氏所著之 *The Natural Education*（《自然教育》）。我读了这两本书之后，对于家庭教育之兴趣，就格外来得浓厚了。所以对于这两书的著者我固然十分感激，对于郑君也十分的感谢，不但在书籍方面时得郑君的指导，就在家庭教育实施方面，也常蒙切实指教的。此书脱稿后，曾承郑君详细阅过一遍并蒙赐斧正，我因此又感激不已。

此书原拟与郑君合编的，后因郑君忙于课务无暇顾及，而我遂独草成此；若能实行原定计划，那此书当不致如今之拙劣可想而知。

对于我的妻子雅琴，我也非常的感谢；若没有她的耐心协助，那我虽有试行家庭教育的热诚，恐也不能见诸事实。对于我的小儿一鸣，小女秀霞，我也是十分感谢的，他们不但给我一种

---

① 本书第十三章是《家庭教育》1947 再版时增补的。

试验的机会，并且增进我许多学识，赐给我许多快乐。张君洪城曾供给我许多实例，我也在此一并鸣谢。

民国 14 年正月陈鹤琴序于南京

| 再 序

此书问世以来，不过 5 个月；到今日又要再版了。这可见得国人对于家庭教育关心很切，我因乘此再版的时候，补充几句话以解释阅者对于本书容易发生怀疑的地方。

第一，这本书大概是根据我个人之经验与学识说的，所以有许多关于家庭教育的重要问题，因为我没有经验或学识，并没有谈到；阅者请不要误会，把这本书当作一种包罗万象的家庭教育大全。

第二，对一鸣、秀霞说话，总是用英文的。我的意思是要他们从小听惯说惯，免得大来难学。可惜我不能说别国的言语，若是我能够说，我一定要教他们的。至于中国的言语我可不必担忧，他们所听的除了听我说英文之外，都是中国的方言，所以我不教他们也不要紧的。然竟有人以为一鸣所听见的只是我的英语，一鸣所说的也只是英语，并以为一鸣就要变成一个外国人，且以为我太看轻国语而重视英文了，这种测度未免有些过分。

第三，书中所举的实例关于一鸣的多，而关于秀霞的少。这不是我有"重男轻女"之见，乃是因为编著那本书的时候，秀霞尚小，乏例可举。

以上三点因容易引起阅者怀疑，故特在此说明。

民国 14 年 12 月陈鹤琴再序

| 重版序

陈鹤琴

　　儿童是振兴中华的希望。儿童教育是整个教育的基础，关系到我们伟大祖国的命运。

　　"老骥伏枥，志在千里"，我虽然年已九旬，但热爱儿童、热爱教育事业之心依然十分炽烈。社会主义现代化建设需要人才，培育人才要从小开始。粉碎"四人帮"后，党中央十分重视教育。我曾在全国教育科学规划会议和全国幼儿教育研究会上，提出关于开展教育科学研究和加强幼儿教育的建议。最近，党中央号召全党、全社会都要重视儿童和少年的健康成长，我更为激动，愿为培育共产主义事业的幼苗再发一分光和热。

　　儿童教育是一门科学。只有了解儿童，才能教好儿童。实践出真知，要从实践中摸索教育儿童的规律。《家庭教育》是我早年在东南大学执教期间，研究儿童心理及从事家庭教育实践经验所得。这本书自1925年问世以来，再版过10余次。不少读过这本书的父母和教师，感到对教育孩子、处理和解决一些疑难问题还有一定帮助。因此，特将此书作些删改重版，献给广大的父母们、教师们和儿童教育工作者。

　　伟大的人民教育家陶行知先生是我的挚友和同志。他对我的帮助、鼓舞和支持很大。今年是他诞生90周年。重印本书时我特意重刊了他为《家庭教育》所写的序，以示我对他的深切怀念。

　　《家庭教育》一书受当时历史条件和本人水平的限制，内容肯定是不够完善的。这次重版，希望抛砖引玉，引起一切从事儿童教育工作者的研究兴趣和实践热情，从而产生更多更好适应时代需要的抚养、教育儿童的著作。

　　这次重版，承蒙教育、出版部门有关领导和同志们的关心和支持，特志此致谢。

　　（本文系作者为教育科学出版社 1981 年版《家庭教育》所写的序。）

| 再版说明

　　《家庭教育》一书自1925年初版以来，几十年间多次再版或重印，广受社会各界好评，被赞誉为"儿童幸福的源泉，也是父母幸福的源泉"与父母们的"必读之书"（陶行知语），堪称中国现代教育经典之作。

　　在教育家看来，家庭教育是一门艺术。从儿童心理发展规律与特征出发，通过长期追踪观察，总结儿童教育与家庭教育实施原则是陈鹤琴现代儿童教育学说的重要标志，也是这一学说至今仍具有较好适用性与推广意义的价值所在。

　　陈鹤琴指出："我们知道幼稚期（从出生至7岁）是人生最重要的一个时期，什么习惯、言语、技能、思想、态度、情绪，都要在此时期打下一个基础，若基础打得不稳固，那健全的人格就不容易形成了。"对于现在许多年轻父母而言，培养自己孩子的健康身体、健全人格，养成良好生活习惯，激发儿童的活力与自信心等，或许可以成为人们所说不能输掉的"人生起跑线"。

　　华东师范大学出版社于2006年5月再版《家庭教育》。作为"大夏书系"教育经典，该书已畅销7年，其间多次加印，广受读者喜爱。本次再版，在前版基础上，对部分篇目的文字与版式稍作调整，更方便广大读者阅读。

2012 年 12 月 24 日

第一章

儿童的心理

普通的小孩子生来虽有种种不同之点，然大抵是相仿佛的。饿则哭，喜则笑；见好吃好看的东西就伸手拿来，见好玩好弄的东西就伸手去玩。

然何以到后来有的会怕狗怕猫，有的敢骑牛骑马；有的身体强健，有的身体孱弱；有的意志坚决，有的意志柔弱；有的知识丰富，有的知识缺乏；有的专顾自己，有的体恤别人；有的多愁病，有的多喜乐；有的成为优秀公民，有的变为社会败类？推其原因，不外先天禀赋之优劣与后天环境及教育之好坏而已。

若从小受了良好的家庭教育，虽生来怕狗猫，到大来也敢骑牛马的；虽生来不甚强壮，到大来也会健康的。若家庭教育不好，小孩子本来不怕动物，大来会怕的；本来身体强健的，大来会瘦弱的。

至于知识之丰富与否，思想之发展与否，良好习惯之养成与否，家庭教育实应负完全的责任。

然家庭教育必须根据儿童的心理始能行之得当。若不明儿童的心理而妄施以教育，那教育必定没有成效可言的。所以我略略地把儿童心理述之如下，以资施行家庭教育者之参考。

一、小孩子是好游戏的

小孩子可以说是生来好动的。两三个月大的婴儿就能在床上不停地敲手踢脚，独自玩耍。到了五六个月的时候，看见东西就要来抓，抓住了就要放进嘴里去。到了再大一点，他就要这里推推，那里拉拉，不停地运动了，一等到会爬会走，那他的动作更加复杂了。忽而立，忽而坐；忽而这样，忽而那样；忽而爬到那里，忽而走到这里。假使我们成人像他那样活动两个钟头，那一定疲乏不堪了。到了三四岁的时候，他的游戏动作比从前还要繁多而他的游戏方法也与从前不同了。从前他只能把椅子推来推去，现在他要把椅子抬来抬去，当花轿了；从前他只能把棒头敲敲作声以取乐，现在他要拿着棒当枪放了。到了八九岁的时候，他的身体比从前更加强健得多了，精神也非常充足了，知识也渐渐丰富了，因此他的游戏动作也就与从前不同了。此时他喜欢玩各种竞争游戏了：什么放风筝，踢毽子；什么斗蟋蟀，拍皮球；什么打棒头，捉迷藏他都能够玩了。

总起来说，小孩子是生来好动的，以游戏为生命的。要知多运动，多强健；多游戏，多快乐；多经验，多学识，多思想。所以做父母的不得不注意小孩子的动作和游戏。第一，做父母的应准备良好的设备使小孩子得着充分的运动；第二，做父母的应寻找适宜的伴侣使小孩子得着优美的影响。有此二者，小孩子的身体就容易强健，心境就常常快乐，知识就容易增进，思想就容易启发。

二、小孩子是好模仿的

小孩子未到 1 岁大的时候，就能模仿简单的声音和动作了。他一听见鸡啼羊叫，也要啼啼看叫叫看；一看见别人洗面刷牙，也要洗洗看刷刷看。到了两岁光景的时候，他能模仿复杂的动作了。倘若他看见他母亲扫地洗衣，他也扫扫洗洗看；倘若他看见他父亲吐痰吃烟，他也要吐吐吃吃看。

到了三四岁的时候，他的模仿能力发展得更大了。什么娶亲，什么出殡，他都要模仿了。

总而言之，小孩子是好模仿的，家中人之举动言语他大概要模仿的。若家中人之举动文雅，他的举动大概也会文雅的；若家中人之言语粗陋，他的言语大概也是粗陋的。所以做父母的不得不事事谨慎，务使己身堪有作则之价值。

三、小孩子是好奇的

小孩子生来是好动的，生来是好模仿的，也是生来好奇。五六个月大的婴儿一听见声音就要转头去寻，一看见东西就要伸手去拿。到了四五岁，他的好奇动作格外多了。看见路上的汽车马车来了，他总要停住脚看看；听见外面的锣声鼓声响了，他总要跑出去看看。有一个4岁的小孩子，一日同他的母亲去探望他的小朋友，看见他小朋友的家里有许多蜜蜂，他拿了一根棒头把蜂巢敲敲看，不料一敲蜜蜂出来刺他了。

又有一个5岁的小孩子，天天把园里所种的红萝卜掘起来，看它怎样生长的。又有一个小孩子把一只钟拆得粉粉碎，要看看这个钟究竟为什么会响的。小孩子不但有这样的动作，也发种种问句。他常要问你"这是什么东西，那是什么东西；这个东西从哪里来的，那个东西怎样做的；这个东西为什么是这样的"。他看见不懂的东西，就要来问你。这些问句也是一种好奇的表现。

现在我们要问，这种好奇的动作究竟有什么用处呢？柏拉图说："好奇者，知识之门。"这句话是很对的。若小孩子不好奇，那就不去与事物相接触了；不与事物相接触，那他就不能明了事物的性质和状况了。倘使他看见了冰，不好奇，不去玩弄，那他恐怕不会知道冰是冷的；倘使他听见了外面路上的汽车声，不跑出去看看，那他恐不会晓得汽车是什么东西。所以好奇动作是小孩子得着知识的一个最紧要的门径。

四、小孩子是喜欢成功的

小孩子固然喜欢动作，但更是喜欢动作有成就。比如一个两岁光景的小孩子在沙箱里玩沙。他尽管把沙一把一把地捞进罐头里去，捞满了把沙倒出来；又再一把一把地捞进去，捞满了又倒出来；这种动作从表面一看没有什么成就，仔细考察起来，一把一把地捞进罐里去固然是一种动作，但罐头装满了，就是动作的成功。小孩子虽喜欢捞沙的动作，也喜欢捞沙成功呢。

一鸣有一天将大小木块搬到天井里去，用了许多力气，费了许多时间，方才搭成一座小小房子的样子。他搭好之后，很高兴地跑过来对我说："爸爸你来看我搭的一座房子。"我见了这座似是而非的房子，也非常欢喜，就极力地称赞他，而且叫他再去搭。他玩了木块以后，又跑到书房里去，用粉笔在黑板上画了一只动物。他画了以后又对我说："象。这是尾巴，头，耳朵，眼睛，嘴巴，鼻头。"我回头一看，果然不错，就连说"好，好"。从以上两个例子看来，小孩子是很喜欢做事情的，而且很喜欢其成功的。因为事情成功，一方面固然自己觉得很有趣，但是还有一方面可以得到父母或教师的赞许。这种心理是很好的，我们做父母或教师的应当利用这种心理去鼓励他做各种事情。

不过叫小孩子做的事情不要太难；若太难，就不能有所成就；若没有成就，小孩子或者要灰心而下次不肯再做了。反而言之，若所做的不甚难，小孩子能够胜任而有成就的；一有成就，就很高兴，就有自信力；所成就者愈多，自信力也愈大；自信力愈大，事情就愈容易成功。因此自信力与成功就互相为用的了。

做父母的对于这一点也是应特别注意的。

五、小孩子是喜欢野外生活的

大多数小孩子都喜欢野外生活，到门外去就欢喜，终日在家里就不十分高兴。有许多小孩子哭的原因虽然不一，但是不能到外边去看看玩玩，也是一种大原因。做父母的不揣摩他的原因，只一味地去说他去骂他，那真正冤枉极了。一鸣有一天，坐在摇篮哭个不了，他母亲给他东西吃，他不吃；给他东西玩，他也不玩。后来我就抱他到门外去玩玩，他一到门外就不哭了。他仰起头来看看天的颜色，低下头去看看草木的样子，看看飞禽走兽的形状，歇了一歇，他就笑逐颜开了。又有一天，天已晚了，街上已经没有人了，他还不肯回家。不但一鸣是如此喜欢到外边去的，普通儿童大概都是如此的。现在我家里办了一个幼稚园。凡天气晴和的时候，我们就带幼稚生到外边去游玩。他们在旷野里跑来跑去，看见野花就采采，看见池塘就抛石子入水以取乐。这种郊游对于小孩的身体、知识、行为都有很好的影响。

不过小孩子的野外生活须以小孩子的年龄为断。如年龄较小的儿童，我们叫他们采采花呀，种种树呀，举行短距离的远足会呀；年龄较大的儿童，我们叫他们采集标本，举行旅行等等游戏以增长他们的知识，以强健他们的身体，以愉快他们的精神，使他们无形中得着许多好处。但是由于有许多做父母的总不放心他们的小孩子到外面去，一则恐怕身体疲乏，二则恐怕衣服弄脏，三则恐怕感冒风寒，所以一天到晚，将他们关在屋里，好像囚犯一样。所以这种儿童长大起来，往往身体羸弱、知识缺乏，当年做父母的爱护子女，到了今天适足见其贻害子女了。做教师的不愿多事，且以带领学生到野外游玩为麻烦，所以学生就失去与天然界相接触的一种良好机会。要知学问不仅仅在书本中求得，也应在自然界获得，什么"动物学"，什么"植物学"，什么"地理"，什么"常识"，大概都是可以从自然界中学得的。我们在书本中看死的标本，死的山水，不如到野外去看活的动物，采活的草木，玩真的沙石。

总起来说，小孩子不论年纪大的小的，不论男的女的，大都喜欢野外生活，我们做父母或做教师的，虽不能十分注意到此，多少总需领小孩子到野外去玩玩才好。

六、小孩子是喜欢合群的

凡人都喜欢群居的，幼小婴儿，离群独居，就要哭喊，两岁时就要与同伴游玩，到了五六岁，这个乐群心更加强了。假设此时没有伴侣游玩，他一定要觉得孤苦不堪了。有时候还要发生想象的伴侣。他同这个想象的伴侣一同游玩，一同起居，一同饮食，那就不致孤苦。但是他的伴侣到底是想象的，他一定要觉得寂寞不堪的。到了十余岁，儿童就喜欢结队成群的游玩了。倘使儿童在这个时候，在家中得不到伴侣，他一定要往外寻求了。我现在举例以证乐群心的发轫与重要。

> 我的小孩子一鸣在 47 天的时候就发生乐群的心理了。在这一天，我抚抚他的下颌，他就对我说"a—ke"。这"a—ke"究作何解，我虽不得而知，但是我们推想他的意思，总是一种快乐的表示，也是一种对于我抚他下颌的反应，也是一种承认他人存在的符号。

> 到了 3 个月的时候，一鸣喜欢别人同他玩讲。若你接近他，他就笑逐颜开呀呀学语了。

> 邻人的小孩子，到了五六个月的时候，一定要别人站在他的旁边，倘使别人离开他，他就哭；一看见有人来就不哭了。

> 我的友人有一个 5 岁的女儿，因为孤独的缘故，就常常有一个想象的伴侣同她游玩。后来进了幼稚园之后，这个想象的伴侣就慢慢的消没了。

小孩子的好群已如上述。做父母的正可以利用这种好群的心理以教育小孩子。第一，我们要使他得着良好的小朋友；第二，我们应给他驯良的动物如猫、狗、兔子等做他的伴侣；第三，我们再给他小娃娃之类以聊解他的寂寞。

七、小孩子是喜欢称赞的

两三岁的小孩子就喜欢"听好话"，喜欢旁人称赞他。比如今天他穿一件新衣服，就要给他父亲看；着了一双新鞋子，就要给他同伴看。

到了四五岁的时候，这种喜欢嘉许的心理还要来得浓厚。假使他不愿意刷牙齿，你可指着一个牙齿洁白而肯刷牙齿的小孩子说："他的牙齿多好看，多清洁，你若天天刷牙齿，你的牙齿也会像他这样整齐好看呢！"小孩子听了你的话，恐怕就要去刷了。若刷了之后，你就可称赞他说："呀！你的牙齿是白一点了，好看得多了。"他听了必然觉得非常的高兴，下次洗脸时就喜欢刷牙了。

一鸣画图，若画得好，我就称赞他几句，鼓励他几句，并且替他在图画上写"很好"的字样，他就显出很快乐的样子。所以以后他常常喜欢画图画，画了之后，常把图画纸拿了来给我看，并且叫我在纸上写"很好"两个字。

这种赞许心，我们做父母的教育小孩子时应当利用，然而不可用得太滥，一滥就失掉它的效用，反不若不用为妙。

【总结】总起来说，小孩子是好游戏的，是好模仿的，是好奇的，是喜欢成功的，是喜欢野外生活的，是喜欢合群的，是喜欢别人赞许他的。这几点儿童的心理，不过是荦荦大者而已；至于不甚紧要的，略而不述了。即从上面所说的几点看来，我们教小孩子必须先要了解小孩子的心理。若能依据小孩子的心理而施行教育，那教育必有良好的效果。

第二章

学习之性质与原则

初生的小孩子比各种初生的动物都来得柔弱。下等动物一出卵差不多就能自由行动。我们先看小鱼，它出卵之后就能追随大鱼游泳；我们再看小鸡，它脱壳之后，不到一日就能行走自如。鱼鸡固无论矣，即使初生的哺乳动物如羊狗等类，比婴儿也强健得多了。小羊生后第一天就能行走，第二天就能跳跃。小狗比小羊稍微软弱一些，然生后也能爬行，不到十日也能行走。

我们现在要问，初生的小儿是怎样的呢？说起来，也很可笑。他的眼睛像是瞎的；他的耳朵像是聋的；他的嘴巴像是哑的；他的脑筋像是呆的。除了几种简单感觉（如痛、触、冷热、饥饿等等）和几种简单动作（如手足上下左右伸缩、头向左右转动、吸乳、打喷嚏、打呵欠等等）之外，差不多别无所能。

然而渐渐地眼明了，耳聪了，口能发音了，脑筋中有观念了。到了三四个月，他的头颈健了，他的身子要直竖了；到了四五个月，他一看见东西就能伸手向前来拿了；到了六七个月他能坐了；到了八九个月他能爬行了；到一岁光景，他能叫爸爸妈妈了，恐怕也要开始学走了；到了两三岁就能跑跳自如了；到了四五岁，普通的方言就能说了，而那时所有的知识与技能远胜猫狗万万了。例如他晓得米是可以煮饭的，钱是可以买东西的。他能画图、剪纸，也能执刀、捻筷，较之初生时诚不可以道里计了。

我们现在要问：这样柔弱的婴儿如何能达到这样有知识、有技能的小孩子呢？

笼统说来，环境、教育（学习）是起主要作用的，但遗传也不可忽视。小孩子的天赋虽好，但必藉后天的教育方能得着发展；反而言之，后天的教育任凭怎样优良，若无先天的遗传为之基础，也是无所施其技的；所以天赋与教育都是很重要的。

我们现在急于要知道的就是小孩子是怎样学的，有什么原则可以总括他的学习呢？

一、学习的性质

小孩子究竟是怎样学习的？他是如何从无知无识到有知有识的呢？明了这种学习的性质，我们就知道应当怎样教小孩子了。现在我把学习的意思写出来以资讨论。

小孩子生来有三种基本能力，就是：（一）感觉；（二）联念；（三）动作。

这三种能力在初生时虽很薄弱，但到后来渐渐能发展起来，而且这三种能力是愈练习愈强大的。我们先说：

（一）感觉

初生的小孩子生来有几种感觉。他的眼睛虽瞎，但能感觉光线；他的嘴巴虽哑，但能感觉食物；他的耳朵虽聋，但三四天后就能听声；他的皮肤上的感觉虽不敏捷，然痛、触、冷、热都能稍微感觉到；他的筋骨肌肉能感觉到在运动。以上几种感觉，不到几个月工夫就发展得很敏捷了。普通的声音他能听得出了；普通的颜色和东西他能看见了；普通的滋味他能尝得出了；普通的气味他能闻得出了；普通痛的、触的、冷的、热的东西，他都能感觉到了。总说一句，普通的感觉不到几个月工夫，都发展得敏捷了。

（二）联念

不过单有感觉而没有联念的能力，也是学不了什么东西的。比方，他现在看见了他母亲这个人，看了之后就忘记了；下次他再看见他母亲的时候，他只看见他母亲这个人而不记得这个人就是方才看见过的那个人。这样，这个小孩子断不会认识他母亲的。又比方此刻他听见他母亲叫唤他，听过之后也就忘记了；那下次他母亲叫唤他的时候，他只听见有人叫唤他，而不知道这个叫唤的人就是上次叫唤他的那个人。这样，这个小孩子永不会听得出他母亲的声音的。初生的小儿有了听觉、视觉之后，还不能十分记得所看见的东西和所听见的声音，所以他不能认识人和物，也不能辨别声音。

但是到了年纪大一点的时候，他的记忆力稍微强一些了，他就能记得各种感觉了，认识人和物了，辨别声音了。

但只能记忆感觉，而不能把所记忆之感觉、联念合起来也是没有多大用处的。比方，他母亲叫唤他的时候他没有联念的能力，那他只能认识叫唤的声音而不知道这个声音就是他母亲叫唤的声音。反而言之，若他只看见他母亲这个人而听不见他母亲的声音，他只认识这个母亲而不知道这个母亲就是叫唤他的那个人。若有了联念的能力，他一听见他母亲的声音就知道他母亲在旁了。

然而这个联念究竟是什么东西，我们是看不出来的，我们只晓得联念的作用而不晓得联念的本质。不过从联念的作用，我们可以推想联念的本质。假定有两个小孩子同时被蜜蜂刺了一下，歇了一歇同时都再看见几个蜜蜂。一个小孩子这次看见蜜蜂时就缩手不敢去拿了；另一个小孩子还是要去拿。我们说第一个小孩子再看见蜜蜂的时候，就想到被刺的情形和痛苦；第二个小孩子就没有联念能力。我们也可以说第一个小孩子学得蜜蜂是要刺人的，第二个小孩子没有学会；我们又可以说第一个小孩子比第二个小孩子聪明一些。

这样说来，联念能力在学习途径上是非常重要的东西。

（三）动作

但小孩子若只能感觉外界的刺激，只能联念感觉而没有反应动作，也是不够的。他一看见了他母亲的人和一听见了他母亲的声音的时候，他应有相当的反应以达到他所需要的目的，否则，是无补于事的。让我再举几个浅近的例子来证明反应动作之必要。假设有一个小孩子，他看见了地上的白雪而不能用手去玩弄，那他永不会知道白雪之性质。

又假使他看见一辆车子后退过来而不能退避，那他就要立刻被撞倒。前者是与事物相接触的经验，为人生不可缺少的动作；后者是由经验而来的适当反应，也是人生不可缺少的动作。但前者是后者之母，没有与事物相接触的经验，临事哪有适当的反应？所以小孩子应有与事物相接触的机会。相接触的机会愈多则事物之性质愈容易明了，而适应事物之动作也愈容易发生。

总起来说，学习就是先感觉外界的刺激，后把所感觉的事物与所有的感觉联合起来，再发生相当的动作去反应外界的刺激。

刺激与反应是看得出来的，联念是看不出来的。我们一方面需支配小孩子所接触的刺激，一方面需指导小孩子所发出的反应，一方面还需巩固小孩子所有的联念。这三方面都是教育上的重要问题。

二、学习的原则

现在，我把刺激、反应和联念的原则写在下面以资参考。

（一）刺激的原则

1. 适宜的刺激

小孩子所有的联念与反应可以说是受刺激支配的。刺激来得优良，联念与反应大概也是优良的；刺激来得卑劣，联念与反应大概也是卑劣的。小孩子初生时是无知无识的，他所看的、所听的和所接触的，都要印刻在他的脑海中间，而他的反应动作也是以这种印象为张本的。倘若他所听见的言语都是文雅而不粗俗的，那他将来说的话也一定是文雅而不粗俗的；倘若他所看见的东西都是整齐清洁的，那他定能爱护清洁整齐的东西。所以做父母的一方面必须事事以身作则，一方面必须选择优良的环境使小孩子得到优良的刺激和印象。

2. 实地施教

小孩子的脑筋很简单，我们起先不应用抽象的事体去教他。比方我们要教他"顾恤他人"这一个美德，我们不应单单对他说："做人不要专为自己，应当体贴别人，顾恤别人，假使别人生病的时候，你应当轻轻地出入，不要乱吵使得病人烦恼不安。"这种抽象的教法小孩子是不会懂的。我们应该当家中有人生病的时候实地施教。那时候，我们做父母的一方面自己要示范给他看，一方面要他实行体恤病人的意思。比方，他的小妹妹生病了，做父母的自己先讲话声必低，走路步必轻，然后教他也要低声轻步。这样一来，他就了解体恤的意思了。

不但对于道德之培养我们应当实地施教，就是对于知识之灌输，我们也要从具体而后抽象的。

有一天，我问一个 6 岁的小孩子说："你曾看见过松鼠吗？"他说："看见过的。"我再问他说："有多大呢？"他举起两手的食指来在空中摆着两指相距约两寸许的样子回答说："这样大。"我说："你在什么地方看见的？"他说："在书上。"我说："你把那本油印的读本拿来给我看。"他拿给我一看，图中那个松鼠画得"非驴非马"，不像一个松鼠。

你看这个小孩子完全得了一种谬误的观念。他看了这种书上"非驴非马"的死松鼠就得了这种谬误的印象。要知图是代表事物的，是不能当作事物的。即以图画来教小孩子，所画的图必须画得正确。但画得正确的图画万万不及真的、活的东西来得好。我们虽然不能事事以真的、活的东西来教小孩子，但他小的时候，经验未丰富，想象力薄弱的时候，我们应当先给他看真的和活的东西才好。

（二）联念的原则

关于刺激的两条主要教育原则：刺激必须优良，刺激必须正确，我们在上面已经约略地说过了。现在我们要问，怎样能够使得优良、正确的刺激深刻在小孩子的脑筋里呢？现举几条主要的原则如下：

1. 凡能使小孩子快乐的刺激容易印刻在小孩子的脑筋里

小孩子是喜欢游戏的，我们就可以利用他的游戏心理去教育他。比方我们要教他红、黄、蓝、绿等几种颜色。我们不要呆板板地对他说："这是红的，那是绿的。"这样，他未必肯听，也未必能记得牢。若是我们叫他穿有颜色的珠子，或是叫他画图画，那他无形中能把各种颜色学会。比方他穿珠子的时候，我们在旁称赞说："这颗绿的珠子多么好看，那颗红的珠子多么光滑。"又比方他画图画的时候，我们也可无意中说这个颜色、那个颜色给他听。这样，那几种颜色他就容易学会了。所以我们必须使小孩子对所学的东西发生乐感才好。

2. 凡刺激发生的时间愈长，次数愈多，那联念也愈牢固

比方我们教小孩子唱歌，我们先把歌唱给他听，把调弹给他听；唱弹之后，又叫他唱；他唱得不对，又教他这样唱那样唱；今天唱得不够，明天再唱；明天唱得不够，后天再唱；务使他能唱为止。这种练习原则说起来很明了，但做起来就不容易。做父母的对于这一点也是应特别注意的。

（三）动作的原则

1. 小孩子开始学习的时候，做父母的要格外留心以免错误

无论什么事，第一次做得好，第二次就容易做得好；第一次做错，第二次就容易做错。比方小孩子开始用蜡笔画图画的时候，他歪了头，错捻了笔，随便乱画，那以后若没有相当的矫正就要歪了头，错捻了笔画了。若当初他学的时候，你先挺了胸，直了头，画给他看，看后，也叫他挺胸直头地画；下次他画的时候，他未必一定挺胸直头的，也许驼背歪头的。但是挺胸直头的趋向比较驼背歪头的趋向来得强大。所以对于第一次的动作，做父母的要格外留意教导，以免错误。

2. 不要有例外

养成好习惯难，养成坏习惯易。做父母或做教师的要使小孩子养成良好的习惯，在好习惯未养成的时候，不准小孩子有例外的动作。比方我们要小孩子养成每天早晨大便的习惯（若早晨起来即大便，那身体就可在一天内觉得很畅适，做事也不致有妨碍，所以我以为在早晨大便比在别的时候都好），我们第一天就叫他坐在便桶上去解解看，坐了一歇，他不肯坐了。我们用种种方法使他坐着，后来歇了一歇，他果然解了。第二天早晨又叫他这样做。到了第四五天，这个好习惯几乎要养成功了。不料第六天早晨他正要去大便的时候，忽然听见外面喧哗的声音，他要去看看，他母亲始则阻挠他不准他出去，后来因为他哭了就让他到外边去了。他一到外边看见许多人正在那里打架，看了回家已经8点多钟了，赶快吃了一口早饭，就跑到学校里读书去了。到了下午2点多钟正在上课的时候，他忽然要大便了。第七天早晨他坐在便桶上坐了半晌仍旧解不出，但到了下午2点多钟的时

候又要解了。后来他母亲差不多费了九牛二虎之力才使他养成早起大便的好习惯。倘若那天早晨这位母亲不准他出去看打架，那他早晨大便的习惯早已养成了。所以在养成习惯时，不宜有例外的举动。不但在习惯未养成之时，不应有例外，就是在习惯已养成之后，也不应发生与习惯相冲突的事情。举例以明之：我的小女儿现在已经有 1 岁零 2 个月了，她晚间睡后素来不再醒来吃奶的。这种好习惯是从小在医院里养成的，她的母亲就因此省了无数精力，她也能够安安稳稳地睡眠，这样相处已非一日。不料到 1 岁零 3 个月大的时候，她忽生起寒热病来了，饮食起居遂为之颠倒，有一晚醒来要吃，她母亲以为她睡前没有吃饱，就喂她了；岂知一载来晚间睡后不吃奶的好习惯，竟因此被破坏。那天晚上喂后，她就再入睡乡，但第二天晚上醒来又要吃了；不给她吃，她就大哭。她母亲固然不得安眠，别人也被她哭得难以熟睡了。第三夜又要吃，如是者五六夜。你看好好儿的一个好孩子竟因此而吃了几夜苦，而别人也无辜地受了几夜罪。这些不是当初心肠太软而喂她吃奶的缘故吗？所以习惯已养成之后，我们也不应当有例外的动作，以破坏已成之习惯。

3. 小孩子学习事物需自己学习

小孩子生来好动。因为好动，他就能与事物相接触；与事物相接触，那他就知道事物的性质，他的动作能力因此得着发展。若我们代替他做，他总是学不会的。比方在陆地上，我们教他游泳，我们教他这样做，那样做，费了许多心力；但他学了许多游泳方法之后，一到水里去还是要沉下去。所以我们要叫他自己游泳而且要他在水里游泳。

这种原则说说很容易，做起来却困难极了。小孩子自己要做做，你就代替他做；或者小孩子要动动，你没有机会给他动。比方他现在要学走了，你一看见他跌了一跤，就赶快抱他起来。又比方他看见别人玩皮球也要玩，但你不买一个皮球给他玩。诸如此类，不胜枚举。总之，学一定要自己学的，做父母的一方面不要替他学，一方面给他学的机会就是了。

【总结】

1. 小孩子生来有三种基本能力：

（1）感觉；（2）联念；（3）动作。

2. 学习是反应与刺激的联合。

3. 刺激必须选择得适当。

4. 要实地施教。

5. 凡能使小孩子快乐的刺激容易印刻在小孩子的脑筋里。

6. 凡刺激发生的时间愈长，次数愈多，那联念也愈牢固。

7. 小孩子开始学习的时候，做父母的要格外留心以免错误。

8. 不要有例外。

9. 小孩子学习事物需自己学习。

第三章

普通教导法

原则一：对于教育小孩子，做父母的最好用积极的暗示，不要用消极的命令。

> 一天，我看见一鸣拿了一块破烂的棉絮裹着身体当毡毯玩。那时候，在我脑筋里就起了许多感想：我是立刻把他的破棉絮夺去呢，还是让他玩弄得着一种经验；是叫他把棉絮丢掉，还是用别的东西去替代。仔细一想，用积极的暗示去指导他好。我就对他说："这是很脏的有气味的，我想你一定不要的，你要一块干净的，你跑到房里去问妈妈拿一块干净的。"他听了，就跑到房里去换了一块清洁的毯子。

☞ 一般人，受激励而改过，是很容易的，受责骂而改过，比较的是不大容易的，而小孩子尤其喜欢听好话，而不喜欢听恶言。我知道小孩子大概有这种心理，所以以激励教育法去教训一鸣，一鸣一听见我奖励他，就很高兴地去改他自己的过失了。倘使我一看见他玩那块破烂棉絮的时候，就把那块棉絮夺来替他换了一块新的，那恐他对于我的动作要莫名其妙，而且又要发生怨恨，他不但要拒绝我的意思，而且还要哭泣。即使我不去夺他的棉絮而对他说"这东西是脏的，有气味的，赶快去丢掉"这种话，那他虽知道这种东西是脏的，不应当玩的，但是他因为没有好的东西来代替，恐怕他仍旧不肯舍弃的。还有一种教育方法，就是一方面说这东西是脏的，是不好的，一方面叫他去拿一块好的，那他就变成被动了，他自己要觉得不好意思的。我知道以上的第一种方法是绝对不能用的，第二、第三两种方法，也是不大好的。所以就用言语来激励他，使得他居于自动的地位，而且使得他很高兴地去做。多数做父母的一看见小孩子玩肮脏的东西，就不期然而然地去把它夺了来，而且还要骂他，甚至于还要打他。其结果，小孩子改过的少而怨恨父母的多；即使不怨恨父母，至少也要有一点不喜欢父母了！还有许多小孩子因为他们父母常常去责骂他，慢慢儿就不以父母之言为意。做父母的一面去夺他肮脏的东西，做小孩子的一面依旧去拿；做父母的一面骂他，而他依旧玩弄脏的东西。这种事实，在社会上我们是常常见到的，我也可以不必举例了。做父母的像这样去教训小孩子，使得小孩子非但不能改过，而且慢慢儿养成顽皮的恶习惯了。

原则二：积极的鼓励比消极的刺激好得多。

志贞的母亲很钟爱志贞，但她要志贞事事做得好。稍微做错了一点，或做得不妥，她就要从严指责说："这里做得不好，那里做得错了，某人同你一样大，但是比你做得好，你想倒霉不倒霉。"她的意思是以为这种教训必能启发志贞的天资，激起志贞做事的兴趣。哪里知道志贞不但没有依从母命而改进，反而发生意懒心灰不肯勤学的态度。他母亲见他如此不肯学习，就愈加用种种消极的方法去刺激他，而他也愈加不肯学习了。

冰心的母亲也很钟爱冰心，但她很懂得冰心的心理，而所用的教法与志贞的母亲所用的恰成一个对比。

凡冰心做事稍微做得好一点，母亲就称赞她说："冰心，你强啦，这里做得这样好看，那里做得那样整齐。"冰心听了就觉得很高兴，下次做的时候，就格外愿意做愿意学了。一日，冰心（那时约有 4 岁多一点）看见地上有肮脏的东西，就去拿了扫帚畚斗把肮脏物扫去；虽然没有像成人扫得干净，但母亲看见了就极端地称赞。以后冰心就常常去打扫污秽东西而且不久就能打扫得清洁了。这不过是一个例子罢了。总之，不论冰心做事或读书，母亲总是用积极的方法去鼓励的，因此冰心就格外喜欢做事，格外喜欢学习了。

☞ 我们小时在私塾里读书的时候，老师天天把我们所写的字写得好的用红银硃打一个圈；写得不好的打一个叉。我们今天若是得了许多"红鸭蛋"，心里就很高兴，下次习字的时候，还要更加用心。我们若是今天"吃了几根杆子"，心里就觉得不快乐，回家去也不愿意给父母看。第二天习字的时候，我们或者有点不大起劲，或者鼓着勇气再尝试一下，看这次写得如何。若是这次又"吃了许多杆子"，那第三天习字的时候，就不高兴习了，所写的字也就写得不好了。

从这一点看来，小孩子是喜欢奖励，不喜欢抑阻的。愈奖励他，他愈喜欢学习；愈抑阻他，他愈不喜欢学习。愈喜欢学习，经验愈丰富，学习的能力发展得愈大；学习的能力发展愈大，所学习的事就愈容易学会。学会的事体愈多，做事的自信心就愈强。若小孩子愈不喜欢学习，就愈不去学习；若愈不去学习，做事的能力就愈加薄弱。

总起来说，积极的鼓励比消极的刺激来得好，但是鼓励法也不可用得太滥，一滥恐失其效用；刺激法若用得其当，也是很好的，不过只可偶一为之而已。我们做父母的要晓得小孩子是小孩子，他的经验不像成人的丰富，他的做事能力不像成人的强大，他的知识不像成人的充分，所以我们不要以成人的标准去批评小孩子的工作才好。志贞的母亲不明了这种心理，专门用消极的方法去刺激志贞，而志贞反不肯学习了。冰心的母亲懂得这种心理，善用鼓励的方法去教导冰心，而冰心也就很高兴学习了。这样说来，我们应当多用些积极的鼓励，少用些消极的刺激。

原则三：小孩子既好模仿，做父母的一方面要以身作则，一方面还要替他选择环境以支配他的模仿。

> 一鸣到了第 10 个月的时候，一听见人唱歌，也就作唱歌的声调。

> 到了第 54 个星期的时候，看见他堂兄读书，他也要读书，看见他堂兄写字，他一定也要写字；你不给他读不给他写，他就要哭。

> 他到了第 75 个星期的时候，看见我拿了一根棒头，跨着作骑马的样子给他看。过了几天，他拿了一根棒头在路上玩，玩了一息，就把棒头放在地上，两脚跨着当马骑。

> 模仿吐痰。有一日，我不当心，从露台上吐下了一口痰，他（那时有 77 个星期大了）看见了，也就作吐痰的样子。

☞ 小孩子是好模仿的。虽然他模仿的结果与所模仿的动作不尽相同，但有几分是相仿佛的。如一鸣虽不能唱出像我所唱的声调与歌词，但能唱出一种有调的声音来，显出他的模仿。对于模仿事物的程度，年纪大的儿童大概比年纪小的儿童来得高；聪敏的儿童大概比愚笨的儿童来得深。还有一层，我们要知道的：就是小孩子的善恶观念很薄弱，普通知识很肤浅，所以对于所模仿的事物，他是毫不加选择的。比方他看见他父亲随地乱吐，他也要吐吐看；看见他父亲吸烟，他也要吸吸看；或者他听见他母亲以恶言骂人，他也要骂骂看；看见他母亲做针线洗衣服，他也要做做洗洗看。总而言之，我们成人的一举一动，一言一语，都是能影响小孩子的，他看了听了之后，或立刻就要去做做看，说说看，或到了后来才做出来说出来；他所做的和所说的与我们成人所做的所说的不同，但却有几分是相像的。所以我们做父母的一面事事要以身作则，一面处处要留心小孩子所处的环境，使他所听的所看的都是好的事物。这样，他自然而然也受了好的影响。

原则四：做父母的不可常常用命令式的语气去指挥他们的小孩子。

> 椿寿一日正在吃早饭时，听见外面有锣鼓声，就放下饭碗往外跑出去了。他母亲看见他出去的时候，就喊着说："椿寿！你跑到哪里去？快点回来！"说完，看见他跑得愈远了，就自言自语地说："这个小孩子，野心这样重，饭都不要吃了。"歇了一歇，椿寿回来了，他母亲也不说什么。不过叫他赶快把饭吃好。
>
> 吃好了早饭，天下雨了，椿寿拿了书包正要上学去，他母亲看看天已下雨，就喊叫他说："椿寿！你回来，穿了雨鞋去！"椿寿恐怕时候太迟，不愿意穿，就头也不回，一直上学校里去了。他母亲看他不回头，也随他去了。
>
> 到了日中，椿寿回家了。看见他母亲叫了一声"妈妈"。他母亲笑嘻嘻地回答说："你回来了。"稍息，午饭烧好了，他母亲指挥他说："椿寿！你把凳子摆摆好，我们要吃饭了！"椿寿响也不响，尽管独自在书房间游玩。后来他母亲搬了饭菜出来，只得自己摆好凳子。午饭吃过之后，他母亲叫他去睡中觉，他也不去睡，独自在草地玩耍，他母亲也就随他去了。

☞ 我们看了上边几个例子，就可以知道做父母的不要随随便便去指挥他们的小孩子。椿寿的母亲不应当禁止他跑出去看锣鼓，因为小孩子是很好奇的，听见外面有锣鼓声，自然要跑出去看的。

不过她既然命他回来，那他不回来，她应设法定要迫他回来的。

否则做母亲的一次"令出不行"，以后就难以教训他了。

天下雨的时候，小孩子到学堂里去，做母亲的必定要叫他穿雨鞋，如果他不肯穿，那只好强迫他穿了。

至于他回来以后，做母亲的如果要叫他摆凳子，那么也应当和和气气地去问他，如对他说："请你把凳子摆摆好不好?"这样去问他，他高兴去摆，固然是好，如果他不高兴去摆，那也没有什么要紧，因为问话的语气是活动的，原来不是一定要他去做的。至于命令式的语气不是这样的，"一令既出"，必定要他去做的；如果他不去做，那他下次更加可以不听你的话了。但是这个母亲没有想到这层道理，竟用命令式的语气，叫他摆凳子。后来他竟不肯摆凳子而反要出去玩耍，我想这个母亲，到了这个时候，就"难为情"了。

如果她的儿子吃了中饭以后，应当去睡觉的。只要好好地对他说"你觉得倦吗? 你要去睡一下子吗?"罢了。用不到以命令式的语气叫他去睡的。若已经命他去睡，倘使他不肯去睡，她只得强迫他了。

所以做父母的，平日不宜多用命令式的语气来指挥小孩子；如果必定要命令小孩子的时候，那么一定要叫小孩子服从。

> 荣生某日在学校里玩皮球，下午回家时，已经觉得很疲倦。他父亲看见他回来了，叫他到街上去买东西说："荣生! 你去买点信纸信封来!"荣生的身体已经疲倦不堪实在不愿意去买，但父命不敢违逆，只得去买，他一路走一路嘴里吱咕吱咕地说不高兴的话。

☞ 小孩子大概不愿意听命令式的话。所以做父母的，非有充分的理由，不必用命令式的口气来指挥小孩子。你看荣生的父亲不管他身体疲倦不疲倦，不问他愿意不愿意，只一味地命他去买，无怪荣生要怨恨他的父亲了。若有时小孩子应当做的事情，你一定要叫他去做的，不要因为他不肯去做，就不叫他去做了；至于命令一出，那是无论如何要小孩子服从的，不过我们要郑重我们的命令，我们不要随随便便乱出的，而且最好要使小孩子明白我们的命意。这样，小孩子就变得优美驯良，不至于无故违反父母的意思，而父母也不至于无故受累受气了。

原则五：做父母的不应当对小孩子多说："不！不！"事属可行，就叫他行；事不可行，禁止他行。

青儿有一天早晨起来，推窗一望，看见香粉一般的雪，下得漫天遍地。白茫茫的马路上，全没有车马的踪迹，只有两个小朋友在那里做雪人。小朋友一面尽管弄，雪一面尽管下。后来雪人的面上肿起来了，他们两个小朋友的黑衣都变成白衣了。但是他们还是弄个不歇。雪愈下愈大，上下左右都是香粉一般似的白雪，在这中间，仿佛白浪中浮着两个蝴蝶。青儿见了这种景象，也要到雪地里去玩，但是他的母亲不答应他，嘴里连说："不！不！不！"后来在山脚下，他又看见一只雪鹿，荷枪实弹的赶鹿的人都围在那里。一时枪炮声，狗咬声，鹿叫声，猎人的喧笑声，同时并作。他闻声脚痒，又向他母亲说"要出去"。他母亲骂他说："大清早起，不洗面，不吃饭，跑到雪地去做什么事？"他哪里肯依，带哭带吵的，再三央求，他母亲没有法子，也只得让他去了。

一鸣有一天早晨，在雪地里弄雪，我站在旁边看，一点没有去禁止他。后来他在吃饭以前要吃糖，我说"不可以"，他因为我不允许他的要求，就"ng ng"的吵起来，我也不去管他，径自走到别处去了。

☞ 事属可行，就叫他行；事不可行，禁止他行。这是做父母的对待子女正当的办法。倘使不论事情的可否，竟一味去禁止他，那么小孩子茫然竟不知措手足了。这种教育，不但于事实上做不到，就是于情理上也说不过去的。雪地里弄雪是很有益的事情，既可以欣赏雪的景致，又可以知道雪的性质，于小孩子的身体上、性情上，都可以得到很大的益处，做父母的不应当去禁止他。至于看雪麂，尤不应该去阻止他，因为不见过雪麂，不知雪麂的样子；不见过打猎，不知打猎的情形。现在被他见到了，他就可以知道雪麂的样子，打麂的情形，猎狗的用处，于小孩子的知识上也是很有裨益的。小孩子不去看，做父母的应当叫他去看，何况他要去看呢？但是青儿的母亲竟没有想到这种道理，既不允许他去弄雪，又不允许他去看麂，要他坐在家里，不许越雷池一步；好动的青儿哪里能够做得到呢？无怪他要和他母亲吵了。所以做父母的不应当常常禁止小孩子，如果事属可行，就叫他行；事不可行，禁止他行。

原则六：别人做好的事情或坏的事情的时候，做父母的应当以辞色来表示赞许或不赞许的意思给小孩子听，给小孩子看。

小香5岁大的时候，是最不喜欢刷牙齿的，而且在未刷牙齿以前，常常要吃饼干、糖果等东西。她父亲当她在面前的时候，对她母亲说："静波每天早晨起来是一定要刷牙齿的，未刷牙齿以前，别人即使拿食物给她吃，她总不肯吃的。"他说的时候，脸色上表出很钦佩静波的样子，嘴里还不住地称赞她。小香在旁边听见她父亲称赞静波的话，心里也觉得很羡慕静波，所以到了第二天早晨起来，母亲叫她刷牙齿，她也要刷了，在未刷以前，不要吃东西了。小香的父亲因为小香不注重清洁，心里觉得很不高兴。他看见小香的小朋友正在玩耍的时候，嘴里要吐痰了。这个小孩子不随便吐在地上，他东看看，西望望去寻个痰盂。小香的父亲看见这个小孩子这样情形，就极力称赞他，说他怎样注重清洁，不随便吐痰。小香看见她朋友的举动，听见她父亲的称赞，心里也觉得很敬重他。后来小香也不随便吐痰了。

芝英同她母亲在路上散步的时候，看见一个肮脏的小孩子；她母亲等到那个小孩子走过了就对她说："你见那个小孩子多脏呢！挂了鼻涕，不晓得揩揩。"芝英听了就觉得肮脏是不好的。

☞ 小孩子生来是无知无识的。善恶是非的种种观念要慢慢儿在后天形成。他怎样会辨别善恶是非呢？其道很多，但平日做父母的对于善恶是非显出一种态度，而小孩子听了看了无形中受着影响的，也是一个方法。所以做父母的看见别人做好的事情或坏的事情的时候，应当以辞色来表示他们的赞许与不赞许的意思，给他们的小孩子听听看看。

原则七：我们应当按照小孩子的年龄知识而予以适当的做事动机。

一鸣小的时候（约1岁半到两岁半），凡他看见了肮脏的东西在地上，我总对他说"脏得很"，有时我自己把脏物拾掉，有时叫他拾掉。到了后来（从两岁半到4岁），凡他看见地板上的脏物如纸片、细棒等，我总叫他拾掉并说："客人看见不好看。"或他有时候游戏之后把房间的椅凳弄得东倒西歪，把玩物满地乱掷，我就对他说："客人来了，不好看；若客人问起谁把东西弄得这样难看，说一鸣弄的，一鸣要倒霉得很。"他听了之后就去把椅凳摆好，玩物藏好；有时他玩得已经太疲倦了，我就帮助他把房间整理好。

☞ 小孩子年幼的时候，没有什么"客人"的观念，也没有什么"羞耻"的思想，但是稍微有点肮脏与清洁的意思，所以我们就可以利用他的这点意思去教他爱护清洁，憎恶肮脏。待他年纪稍大一点，知道羞耻的时候，我们不但可以利用他的清洁观念，也可以利用他的羞耻之心以养成他的爱美习惯。

若他年纪再大一点，知识稍开一点，我们不但可以教他肮脏的东西是肮脏的，是不好看的；我们也可以教他肮脏的东西是妨碍卫生的。总之，年纪愈大，知识愈开，所用的教法也应依年龄知识而变迁才好。

> 知行年纪小的时候，他母亲常常对他说："你不要把地板弄得这样脏，爸爸不喜欢的，爸爸要骂的。"知行到了六七岁大的时候，他的母亲还是说"爸爸不喜欢的，爸爸要骂的"这类话，使得知行心目中存了一种逢迎之心，一种惧怕之念。

☞ 小孩子年幼的时候，我们或者可以用个人的感情来支配他的动作，不过我们不应以个人的威严来恫吓他，使他对于我们发生一种无谓的惧怕。若小孩子年纪大一点了，我们就不应该以个人的感情去感化他的心肠，去支配他的行动。若我们尽管用这种教法，那小孩子长大的时候，他的行动仍旧是要以我们做父母的个人之好恶为皈依的；倘若我们死了，那他就要失掉凭藉而无所适从了。

所以我们要教他肮脏是妨碍个人卫生的，也是妨碍公共卫生的；作恶是有损于己的，也是影响社会的。我们应当使他的行为不是受支配于个人的感情，乃是要建筑于公共幸福之上的。

总起来说，小孩子年纪小的时候，我们可以用个人的感情去刺激他做事的动机；年纪大的时候，我们须教他明了做事是要顾到公共祸福的。这样人才有服务的旨趣、牺牲的精神和救世济民的志愿。

原则八：待小孩子不要姑息也不要严厉。

> 心声是一个头生子，他的父母异常地疼爱他。他要这样就这样，他要那样就那样，他要打人，别人只好给他打，他

要骂人，别人只好给他骂。一日他看见邻儿有一个小洋号就去抢了来。邻儿哭了跑来告诉他母亲，而他的母亲并不说他不好，反埋怨邻儿说："借我们玩玩有什么要紧，你的气量为何这样小呢？"骂得那个邻儿莫名其妙。又有一日，在深夜的时候，他醒来要月饼吃，但家里没有月饼，他就乱吵乱闹，弄得一家不能安睡。

从此日积月累，心声就变成了一个很倔强很刚愎的小孩子。

☞ 小孩子哪里可以随便抢夺别人的东西呢，而心声的母亲不责罚心声反骂别人，这无非长心声之傲慢而已。

又在深夜的时候，小孩子不应吃东西的，而心声的母亲不去责罚他，反而任其吵闹使人不得安眠，这也无非长其恶性而已。

这种"姑息养奸"的教育在家庭里是常看见的，会使孩子养成利己害人的坏思想。

知非家里的规矩是很严的，差不多事事要秉承他父母的意旨。他要去玩玩水，他母亲说："衣服要弄湿的。"他要出去同邻家小朋友玩玩，他母亲说："你要同他们造孽的。"吃饭的时候，他要讲讲话，发表发表意思，他父亲就禁止他说："小孩子吃饭，不准饶舌。"他要在家游戏游戏，他父亲说："不要顽皮。"他的父母待他好像待成人一样，所以他慢慢儿以他父母的意志为意志，以他父母的性情为性情，这样一个活泼的小孩子竟变成了一个萎靡不振、具体而微的小成人。

☞ 我们旧式家庭往往把小孩子当作"小成人"看待。既叫一个活泼好动的小孩子穿起长衫马褂来以限制他的动作，又叫小孩子一举一动要模仿成人的样子。无怪国中多"少年老成"的小孩子了。

总括起来，心声的父母待心声太姑息，知非的父母待知非太严厉，两者都失其平，不得谓之良教育。

我们教小孩子当折其衷：一方面予以充分机会以发展自动的能力和健全的意志，一方面限以自由范围使他不得随意乱动，以免侵犯他人的权利。教育若能如此折衷施去，小孩子未有不受其惠的。

原则九：不要骤然命令小孩子停止游戏或停止工作。

荣升正在园内玩沙玩得很起劲的时候，他的母亲从窗门里喊叫他说："荣升，饭好了，快来！"荣升哪里肯歇手，尽管玩沙，一声也未回答。他母亲见他不回来也不回答，就愤愤似的跑了出去叫他立刻停止玩弄，他依然不听。他母亲看他不听就拖了他的手臂走了，而他也就大哭起来了。

知新的母亲很明白知新的心理；她也很能体贴知新的意思；而知新也很愿意听她的话。一日早晨，知新同他4岁大的妹妹玩弄积木，搭桥砌屋，玩得很高兴，他母亲走来看见他同他妹妹俩玩得这样有趣，就笑嘻嘻地称赞了他们几句，并且对他们说："我们要吃点心了，我再给你们5分钟工夫，你们快点玩，玩好就把积木放在原处。"说毕走开去了；而知新与他的妹妹赶快把桥搭好；一搭好，就把积木安置原处；一安置好就一齐跑进饭堂里去吃点心了。

☞ 不但小孩子不肯立刻停止玩耍，就是我们成人也不肯遽尔舍弃有趣的游戏或将成的事体。比方我们正在那里打网球打得很高兴的时候，忽而来了一个人怒气冲冲地叫我们立刻回去吃饭，我们不但不肯听他的话，恐怕还要埋怨他几句。

我们既然不愿意别人这样待我们，我们也应该不要这样待别人，所谓"己所不欲，勿施于人"，我们成人尚且不肯遽尔停止游戏，何况小孩子呢？

荣升的母亲不明了这种心理，使得荣升哭泣而起反抗；知新的母亲明白这种心理，使知新乐于服从。

不但如此，恐怕荣升还要养成做事中止的坏习惯。要知小孩子不仅喜欢做事的途径，也喜欢得着做事的结果。我们现在遽尔叫他半途中止，岂不是剥夺他对于做事成功的快乐，岂不是使他养成一种有始无终的坏习惯吗？

荣升的母亲不知这种错误而反加荣升以倔强之罪，这岂不是可笑又可怜吗？

知新的母亲则不然。她再准知新玩弄 5 分钟工夫。知新在这 5 分钟工夫内不仅玩得格外起劲，而且玩后把玩物安放原处。像这种有始有终的做事习惯，岂不正是个个儿童所应养成的吗？

这样看来，小孩子听不听话，也是看做父母的能不能体贴小孩子的意思而定的。

原则十：做父亲的应当同小孩子做伴侣。

我们旧式家庭里面的父亲，大概是不同小孩子做伴侣的。不要说别人，就是我的父亲对待我也非常严厉，从没有和我做伴侣。我在 6 岁以前未曾和他一同吃过饭，我独自吃饭或同别人一同吃的时候，倘使高兴起来说说笑笑顽皮顽皮，那么别人就立刻说："我要喊了！"或吓我说："你爸爸来了。"我听到他们这种声音，正如同听见轰雷一般吓得魂飞九天之外。现在我父亲早早死了（当我 6 岁的时候），不过那种可怕的景象，还时时印在我脑筋里，永远不能忘却。现在我对待我的小孩子一鸣是这样的：有时候同他到旷野里去散散步，有时候同他到街上去买东西，有时候同家人和他举行野外聚餐。总说一句，我有空闲的时候，总同他做伴的。我觉得我们天伦的乐趣，父子间的感情，也来得格外浓厚。

☞ 父子不做伴侣，则父子间容易发生隔膜。父不十分爱其子，而子则竟不知爱其父，因此名虽父子，实同路人了。有时候做父亲的偶然高兴起来，要和子女说笑说笑，但是他的子女一见了他的父亲，就一声也不敢出。父亲问他一句，他就说一句，不问则不说；叫他立则立，叫他坐则坐，叫他进则进，叫他退则退。天真烂漫的一个小孩子，此时竟同木鸡一般了。我想做小孩子固然乏味，就是做父亲的，在这个时候，也未见得有趣。在头脑顽固的人说起来，以为做父亲的应当不和小孩子做伴，使得小孩子怕；做小孩子的也不应当同他的父亲做伴，须要怕他的父亲。不知道怕到极顶，大家就要发生恶感，做父亲的打骂他的子女，做子女的就讥讪他的父亲，因此就父子相夷了。这样愈说敬而愈不敬，愈说孝而愈不孝，推其原因，一部分实由父子不做伴侣的缘故。父子不做伴侣，于感情上既然如此，于训育教育两方面也有很大的害处。我常看见有许多小孩子喜欢吃烟吃酒以及做种种不卫生、不道德的事情，而他们的父亲实在是一个很有规矩、很有道德的人，那么做父亲的为什么不去训他们的子女呢？他们并不是不喜欢去训他们的子女，实在是因为没有和子女做伴，不晓得子女种种事情的缘故。我又看见许多家庭的子女，知识缺少，人情不懂。他们的父亲并不是不愿意去教他们，而是因为不和他们做伴，不知道他们知识缺乏、人情不懂的缘故。即使知道了，去教训他们，但是因为大家不相接近的缘故就往往发生隔膜。我上面已经将父子不做伴侣的害处说得许多了，现在我再将父子做伴侣的好处说一下：

（一）没有隔膜，父子间就会产生浓厚的爱情；父子一同做伴侣，那么常常在一起就没有隔膜。做父亲的知道小孩子的性情，而小孩子也知道他父亲的性情。大家既知道性情，彼此就发生适当的反应，不会有什么恶感发生。我和我的小孩子一鸣时常做伴的，所以他对我时常有亲爱的表示。他有时候见我回家来，就跑出来欢迎我，有时候还拉我的手，嘴里"爸爸，爸爸"地叫着。有一天，他祖母把他抱在手里，一看见我进去，就闭嘴而哭要我抱，好像诉苦的样子。有时候他穿着美丽的衣服，欢天喜地的走过来给我看；倘使我说一声好，那他就更加喜欢了。有时他唱歌给我听，拍球给我看，一种爱我的样子真令无子者见而生羡。

（二）容易训育小孩子。和小孩子常常做伴，那小孩子不好的行为，做父亲的就可以知道，就可以训育他，而小孩子因为爱他父亲或怕他父亲的缘故，就能听父亲的话而改他不好的行为。一鸣有一天，用右手去拿墙上的一张挂图，我看见就轻轻地把那只手打了一下，他现出痛苦的样子。又用左手来抚摸打的地方，并且嚷叫着"ē——"的声音。后来他又用右手去拿鸟笼，我又打他的右手，他现出痛苦的样子，就缩手。歇了一刻，他又要去拿鸟笼，我又阻止他。第四次他又伸手去拿，但是才伸出去，立刻又缩回来，恐怕是因为怕我打他的缘故。还有一天，他把猫的耳朵拉得很重，而且显出很快活的样子。这是因为他不明了他的那样动作于猫是很痛苦的；后来我看见了，就立刻代猫表示痛苦的模样，而且禁止他不要再做。又有一天同他的母亲到野外去玩。玩的时候他要撒尿了。那块地方离家很远，来不及回来，他的母亲就叫他在草地上撒，他对他母亲说："撒勿得格，爸爸看见要骂的。"他不肯在野外撒尿，是因为我同他在一起的时候，常常对他说不要随地大小便的缘故。所以做父亲的应当常常同小孩子做伴侣，以改正他不好的行为。

（三）小孩子是容易教育的。小孩子的知识是很缺乏的，做父亲的应当常常同他做伴侣灌输给他一点知识。我有时候同一鸣看看图画，讲讲故事，有时候同他到野外去走走，有时候同他到街上去看看，随时随地多少总使他增些知识，得些快乐。这种例子，不胜枚举，所以我也从略不举了。

有人说，做父亲的同小孩子做伴，那么小孩子慢慢儿就要轻视父亲了，父亲的斤两都被小孩子称过了，那做父亲的以后就不能教训他了；假使做父亲的不同小孩子做伴，除了应当见面的时候，就不同他说笑一句，那么小孩子就怕父亲了，骂也听了，打也不敢恨了，长大起来，就会可以成好人了。我说不然。做父亲的同小孩子做伴，并不是同小孩子轻狎。轻狎则小孩子容易生藐视心，而做伴则不要紧。以前颜之推先生说"父子之间不可以狎；骨肉之爱，不可以简。简则慈孝不接，狎则怠慢生焉"（《颜氏家训·教子篇》）。我说颜先生这几句话说得真不错，我们做父亲的实在应当如此。我们中国以前有几家旧家庭，也不是父子不做伴的。清朝乾隆的时候，有一位崔述先生，他的父亲是常常同他做伴的。有时候教他书，有时候同他到城墙上去玩玩，同他看看山呀，讲讲故事呀（北京大学《国学季刊》第二册）。你看崔先生父子间几多快乐。至于父子不做伴的，外表上做儿子的虽然怕父亲，但是他心里未必是爱父亲的。我看见有一位 60 多岁的钱老先生，他对待他的儿子是很严厉的，儿子也很怕他。有一天他的儿子在赌场上看赌，被他知道了，他立刻叫人去找他儿子回来，叫他自己脱去衣服跪在灶神面前。钱老先生就举起可怕的藤条在他 30 多岁儿子的身上大打而特打。你看这种威严，威到极顶了，似乎他的儿子以后永不敢涉足赌场了。不料过了 10 多年，这位钱老先生死了，他的儿子就大赌特赌了。现在我听说他的遗产，已去了一半了。你看这样严的父亲竟不能教好他的儿子，是什么缘故呢？我想这一位钱老先生只能一时禁止他儿子的行为，而不能够改他的儿子的心，所以到后来他的儿子非但去看赌，而且也要赌博了。倘使钱老先生当他儿子小的时候常常同他做伴，经常给他讲道理，教训他，那么父子间的感情就可以融洽，他的儿子也不忍背他的教训去赌博了。所以我说父子应当做伴侣的。

原则十一：游戏式的教育法。

今天（1924 年 4 月 18 日）下午我手里拿着一只照相机，叫我的妻子把我们的女儿秀霞放在摇椅里。预备要替她拍照的时候，一鸣就捷足先登，爬到椅子里去，也要我替他拍照，我再三劝告他，他总是不肯出来。后来，我笑嘻嘻地对他说："一鸣！你听着！我叫一，二，三；我叫到'三'的时候，你就爬出来，爬得愈快愈好。"他看见我同他玩，也很高兴地答应我。歇了一歇，我就"一，二，三"地叫起来，说到"二"的时候，他一只脚踏在椅子的坐板上，两只手挨在椅子的边上，目光闪闪地朝我看着，等到我说到"三"的时候，他就一跃而出，以显出他敏捷的样子。又有一天，夜已深了，大家都要去睡了，而他竟偏偏不肯睡。他母亲就以游戏式的方法去引诱他，一面背着他，一面嘴里"嗨嗬，嗨嗬"地叫着。他听到他母亲这样叫起来，就很高兴地任他母亲背到房里去睡觉了。

☞ 小孩子是很喜欢游戏的。做父母的能够利用他这种心理，以游戏式的方法去教训他，他没有不喜欢听你的话的。一鸣本来是要硬坐摇椅的，现在一听见我"一，二，三"叫着，就很高兴地爬起来了；他本来是不喜欢去睡觉的，现在听见他母亲"嗨嗬，嗨嗬"地叫着，就愿意去睡觉了。倘使他不肯爬出摇椅子的时候，我不以这种方法去引诱他，而以强迫手段去对待他，他想他固然不敢违背我，但是他的心里一定要很不高兴的；倘使他不肯去睡觉的时候，他母亲不去引诱他，而去骂他打他，他固然没有能力抵抗，但是他这一夜，一定要做出许多恶梦来了。好好儿一回事弄得小孩子没趣，而且也要弄得做父母的也没有趣味，岂不是很不上算吗？所以做父母的要使得小孩子听你的话，要使得大家高兴，最好用游戏式的方法去教训他，引诱他。倘使他不听你教训，不受你引诱，没有法子，你再用强迫手段去对待他也未为晚。不要贸贸然常常去打他骂他，弄得大家不高兴。

【总结】我现在再把本章所说的几种教导原则汇集起来，以使阅者得一目了然之便。

1. 对于教育小孩子，做父母的最好用积极的暗示，不要用消极的命令。

2. 积极的鼓励比消极的刺激好得多。

3. 小孩子既好模仿，做父母的一方面要以身作则，一方面还要替他选择环境以支配他的模仿。

4. 做父母的不可常常用命令式的语气去指挥他们的小孩子。

5. 做父母的不应当对小孩子多说："不！不！"事属可行，就叫他行；事不可行，禁止他行。

6. 别人做好的事情或坏的事情的时候，做父母的应当以辞色来表示赞许或不赞许的意思给小孩子听，给小孩子看。

7. 我们应当按照小孩子的年龄知识而予以适当的做事动机。

8. 待小孩子不要姑息也不要严厉。

9. 不要骤然命令小孩子停止游戏或停止工作。

10. 做父亲的应当同小孩子做伴侣。

11. 游戏式的教育法。

第四章

卫生上的习惯

原则一：小孩子不肯穿衣服的时候，我们最好用诱导的方法去叫他穿。

> 宽仁每天早晨起来总不愿意穿衣服。他母亲因为他穿衣服的时候要哭要吵不肯穿，就去打他的屁股，有时候拧他的大腿，用种种高压手段去压服他，他没有法子只得吞声饮泣地让她穿起来。

> 近来（两岁零2个月）一鸣每天早晨穿衣服的时候，他母亲给他一本图画书看看，有时候同他唱唱歌，讲讲故事，因此他常常忘记穿衣服这一回事，安安稳稳的让他母亲穿起来了。

☞ 小孩子大概是不喜欢穿衣服的，在冬天气候寒冷的时候，尤其不喜欢穿。穿的时候，做父母的倘使不和他说说笑笑，或唱唱玩玩，他就不愿意穿衣服了；如果以种种方法去引诱他，他就顾不到穿衣服这件事情了。但有许多做父母的，总不以好方法去引诱他，而以强迫手段去压制他，如宽仁的母亲去打宽仁，使小孩子不得不穿，不敢不穿。这种手段不可用，因为做父母的教育小孩子，应当以"循循善诱"为依归，不应当以力迫威胁为能事。虽引诱和威胁都使得小孩子服从，但小孩子心里的愉快与不愉快则不可以道里计了。以引诱或威胁的手段去对待小孩子，不仅小孩子心里有愉快或不愉快之分，就是做父母的自己也有喜怒之别。因为做父母的以引诱方法去引诱小孩子穿衣服，在小孩子一方面固然高兴，就是做父母的一方面同时也受着快感。否则扮出一副鬼脸，伸出一只巴掌，以恶狠狠的样子去对待小孩子，小孩子固然受着无穷的痛苦，我想做父母的也不见得会高兴的。这样做父母的对待小孩子何苦不用引诱的方法呢？若诱导他，而他仍旧不听，再用强迫手段也不算迟，何苦贸贸然去强迫他呢？还有许多小孩子早晨起来高兴，踢踢脚，摇摇手，爬来爬去不肯穿衣服，做母亲的就去骂他："死东西！你有什么高兴？几天不打，骨头又要痒了，快来穿衣服！"骂毕就很快地把他去拖来。那天真烂漫的一个小孩子，受了她一番责骂，竟形同木鸡一样了。做母亲的要使得小孩子高兴尚恐不及，今小孩子高兴而竟去弄他不高兴，究竟是什么道理呢？这种母亲真是无知识极了。又有许多做母亲的因为小孩子不肯穿衣服，把糖、糕等物给他吃，以引诱他。这种教法比以上所说的一种教法好得多了，但是小孩子在未洗面未刷牙以前，吃糖、糕是很不卫生的（关于这一点，容后再详）。他们不懂其中道理，以食物来引诱小孩子，使小孩子身体上受了妨害，实在是很不对的。从以上种种归纳起来，我可以概括地说几句：（一）做父母的应当诱导小孩子穿衣服。（二）引诱他而他不肯，那么应当强迫他。（三）小孩子早晨起来高兴而不肯穿衣服，做父母的尤应当劝告他，不宜去责骂他。（四）小孩子不肯穿衣服，做父母的绝对不宜以食物来引诱他。以上四点，关于小孩子穿衣服是很紧要的，我希望做父母的要注意。

原则二：小孩子应当天天刷牙齿。

> 一鸣在 1 岁半以前，我们天天用药水棉花裹在手指头上替他揩揩牙床，洗洗舌头，擦擦上下两颚。1 岁半以后，我们就用一个小牙刷替他刷。刷到了现在，他已经有 3 岁半了，我们有时候叫他自己刷刷了。

☞ 有许多小孩子，大概可以说不刷牙齿的。早晨起床以后，随随便便地把面一抹就去吃早饭了。倘使有几个小孩子看见父母刷牙齿，也要刷，他们的父母也不答应他的。他们以为小孩子年龄幼稚，牙齿上没有什么肮脏的，用不到去刷洗。其实小孩子既然能够吃东西，牙齿上和牙床上，必定也粘着许多肮脏东西；倘使不去刷它，不仅口里发出一种口气，就是于牙齿上说起来，也是有许多害处的。我们不是看见有许多小孩子，不到六七岁，他们的牙齿不是个个掉下，就是烂去半截，虽其大半原因由于多吃糖食，但是从小不洗刷牙齿也不无关系。做父母的不欲小孩子的牙齿好则已，如果要小孩子的牙齿好，非叫他们洗刷不可。但是普通小孩子都不喜欢洗刷牙齿。如他不喜欢刷，可用种种方法去暗示他。例如用彩色图画去暗示他，这张图画上，画了两三个儿童在一间美丽的洗面室内，很起劲地都在那里刷牙齿；站在他们的旁边，又有一位笑嘻嘻的母亲看着他们刷，儿童看了这种图画，大概就要模仿他们去刷牙齿了。不但图画是一种很好的暗示品，就是家庭中的人也可以做一个样子给他看的。小孩子看见家里的人都刷牙齿，恐怕他也要模仿刷了。总之，小孩子的牙齿是一定要刷的；如果他不肯刷，做父母的要用种种方法去暗示他。

原则三：小孩子洗面刷牙，应当在一定的地方做，不应当在任何地方洗刷。

> 陈某搬到新房子里来以后，就在餐室的隔壁另开一间洗面室。他们洗面、刷牙、洗澡等事，都在这间洗面室内做。他们的小孩子洗面、刷牙也是这样的。

☞ 有不少家庭大概是没有洗面室的。妇女洗面总在房里，男人洗面有时候在客厅里，有时候在书房里，看到什么地方便当，就在什么地方洗刷，从没有一定地方。成人如此，小孩子自然可以不必说了。小孩子在家里洗面既然没有一定的地方，后来到了学校里去，洗面刷牙也不愿意有一定的地方。我的朋友张君告诉我一个故事说：上海某中学有一个学生，他洗面刷牙永不肯在盥栉室内做。他每天早晨起来，就把开水壶的开水倒在面盆里，将面盆捧到走廊上面去洗，有时候捧到寝室里去洗。洗好以后，就随便向窗外一泼。有一天，事不凑巧，他把洗过面的水都泼在舍监的头上了。他自己知道已经闯了大祸，马上将手巾、面盆等物静悄悄地从后门拿到盥洗室去了。舍监又气又急。抬头一看，泼水的已经不知去向了。他赶到楼上，在寝室里各处乱寻，寻了半天，不但人寻不着，就是洗面的器具都一样没有，只见桌上一块水迹而已。他没有法子，只得打起舍监的牌子来，出了一张告示，说："盥洗自有专室，何可到处乱洗，近有不法之徒，竟敢违背规律；刷牙不在盥室，洗面竟在房里；将水随便一泼，泼在我的头皮，我固不甚要紧，负疚在你自己；今后宜自悛悔，务须痛改前非；倘仍怙恶不悛，只好按律惩你；特此谆谆告诫，仰我同学知悉。"自从出了一张很妙的告示，大家都传为笑话。这个泼水的学生，又在他的告示上很滑稽地批上好几句，每天早晨仍旧在寝室里洗面刷牙。舍监气极，天天去伺候他。不到几天，果然被舍监捉到了，连人连洗面的器具一同带到舍监室内。除了重重地责骂他以外，又记他一个大过。这个学生，也明知不应当在寝室里洗面，但是因为在家里成为习惯，不容易改，所以到学校里就有这种行为了。从这种地方看起来，你看家庭教育要紧不要紧？但是学生为什么一定要在盥洗室内洗面呢？这是因为在别处洗刷，秽水满地有碍观瞻、有妨卫生的缘故。

原则四：小孩子洗面的手巾，应当独自一条。

一鸣洗面是独自一条手巾的，它的样子比我们所用的，略微小一些。他洗的时候，就用这条手巾，洗好以后教他把这条手巾挂好。

文煊的手巾是与大家同用的。实在说起来，他的家里只有一条很肮脏的手巾。患目疾的老祖宗洗洗，生癞疥疮的小姑娘也洗洗。他每天早晨起来，他母亲也就用这条手巾替他洗面。不多几天，文煊的手上生了一颗颗的疮，但是他的母亲，不说是疮，说是痱子。再过几天，文煊的眼睛也红起来了，他母亲不说他是眼睛痛而说他因为醒夜的缘故。后来他的疮一天一天地多起来了，眼睛一天一天地红起来了，他母亲方才知道是从他的老祖宗和小姑娘那里传染来的。她花费许多钱方才把他的目疾和疥疮医好。

☞ 不少家庭的手巾，大概是大家公用的。至于小孩子独自一条手巾，那实在不大有的。父母也洗洗，兄弟也洗洗，手巾上的眼屎和鼻涕干自然可以不消说的了。倘使小孩子用这种手巾洗面，非但不清洁，而且要传染许多病。所以家里有一人患肺疾，那小孩子也患肺疾；有一人患目疾，小孩子也患目疾；有一人生癞疥疮或各种皮肤病，小孩子也要患同样的病，其害之大，真不堪设想。又有许多做母亲的不仅与小孩子同一条手巾洗面，而且与小孩子同一面盆水洗面，问其原因，不曰省水浆，就说免麻烦。其结果，小孩子的面孔，不但没有洗干净，而且粘着许多的肮脏物。这种洗面，还不如不洗好，免得小孩子传染许多毛病。

原则五：小孩子洗面须注意到耳鼻和眼睛。

我们替一鸣洗好面以后，再用硼酸或浓的茶汁替他洗洗眼睛，用药棉裹在火柴杆上替他洗洗鼻子。至于他的耳朵，我们不用别的东西去洗，不过用手巾揩得干干净净罢了。

> 文德的面孔常常是不干净的，他的父母替他洗，也不过随随便便的一揩。眼睛、鼻子和耳朵，他们是永洗不到的。所以文德的眼睛常红，鼻子常黑，耳轮上常常有一圈一圈的花纹。

☞ 俗语说："扫地扫壁角，洗面洗眼角。"眼角不过是面孔的一部分，言眼角，则鼻子和耳朵俱概括其中了。照这样说来洗面不仅仅在两颊上揩揩罢了，也应当在眼角上好好儿洗洗揩揩的；不仅在眼角上洗洗，也应当在鼻子上、耳朵里好好儿洗洗的。做父母的大概都知道这两句话，但是他们替小孩子洗面的时候，有许多人没有注意到小孩子的眼角、鼻子和耳朵。他们不过在小孩子的颊上轻轻地揩一揩，敷衍了事罢了。这种情形，好像一班善男信女替土地庙里的土地公公土地婆婆开光一样，洗与不洗没有什么两样，所不同者不过两边颊上多两块水迹罢了。这种样子，非但使小孩子容易惹人讨厌，而且小孩子的身体也受着很大影响。眼睛不洗干净，则眼眵留在眼上，久而久之，易致眼疾，其害一。鼻子孔不洗干净，则鼻管塞住，呼吸不灵，势必至于以口呼吸；以口呼吸时，必张开其口，灰尘和各种有害的微生物容易入肺，其害二。以口呼吸，在雾露天气容易受寒，其害三。以口呼吸，睡眠时，常常发生鼾睡的声音，使同居者不得安睡，其害四。喉鼻容易发生毛病，其害五。至于其他的害处，如妨害唱歌、说话等等，那就可不必细说了。所以做父母的应当很仔细地替小孩子洗面，不应当因为要免却麻烦，就随便一洗罢了。至于洗的东西，洗鼻子最好用药棉，洗眼睛最好用硼酸，如果硼酸不容易得到，那么用浓的茶汁亦可；至于耳朵，除用手巾揩耳轮之外，须再用凡士林洗洗他的耳朵洞。总之，做父母的替小孩子洗面，以清洁为主，不应当敷衍了事。如果贪片刻的安逸，那就要贻莫大之忧了。

原则六：小孩子未穿衣洗面刷牙以前，不宜吃东西。

> 一鸣在两岁零 7 个月的时候，有一天早晨醒来就向他母亲要糖吃，他母亲给他葡萄糕，他不要就哭，一直哭了 8 分钟的样子。20 分钟以后，他就向他母亲要那以前不要的糕了。假使他要糖的时候，他母亲没有给糕吃，那他哭了 8 分钟就完事了。

> 一鸣在两岁零 9 个月的时候，我们要他实行醒来先穿衣洗面刷牙后才吃早餐。有一天，他醒来不愿意穿衣服，我们用种种方法引诱他穿，他总是不肯；后来无可奈何，只得把他打一顿，强迫他穿了。第二天他就很愿意的先穿后吃了。以后也就没有发生先吃后穿的问题了。

☞ 小孩子未穿衣洗面刷牙以前，吃东西是不好的。不穿衣而吃东西，容易受寒，其害一。隔一夜牙床上有秽污的东西，倘使不去刷洗它而马上吃东西，很不卫生，其害二。不洗面而吃东西，不雅观，其害三。总以上三害而观之，做父母的是不应当让小孩子先吃而后穿衣洗面刷牙的。但是有许多做父母的，不计利害，小孩子一醒来，就把东西给他吃，有时候，小孩子不要东西吃而硬给他吃，以为要小孩子身体强壮非此不可，以后小孩子成为习惯，一起来就要吃东西了。不过我听说小孩子未穿衣洗面刷牙以前不宜吃东西，是对较大的小孩子说的，如果很小的小孩子恐当作别论。一鸣在 1 岁零 2 个月的时候，早晨起来，我们先给他吃牛乳，吃牛乳以后，就给他几块糕饼以充饥，因为在 1 岁以内的时候，他早晨醒来，他母亲即喂他乳（这是做母亲的都如此的），后来穿衣服洗面刷牙。到了断乳的时候，他醒来就给他吃牛乳、糕饼，以当早餐，至于甜食如糖类是大概没有给他吃的。他约到了 1 岁半的光景，除了牛乳和糕饼以外又给他吃早餐。在这时候，他醒来不应当就给他吃牛乳和糕饼，因为他年龄已大，又另吃早餐，我们应当把牛乳移到吃早餐的时候；至于糕饼是应当取消了。以上两例我对待一鸣小的时候是这种样子的，我想凡是很小的小孩子都应当如是的。总之，较大的小孩子，未穿衣洗面刷牙以前，不宜吃东西，至于较小的就不在此例，做父母的随时观察，应机而行罢了。

原则七：小孩子吃东西以前须洗手，吃后须揩手。

一鸣自从两岁零 10 个月以来，每天早晨吃点心以前，他的幼稚园的教师总叫他先洗手，到了下个月 5 日的这一天，他未吃点心以前，就自己去洗手；不但如此，后来吃饭以前他也一定要洗手了。有时候忘记去洗，他正在吃的时候，忽然想到就去洗手了。

东生吃东西以前，是从不洗手的，吃后也永不揩手。有一次他在外面挖石头、拔青草的时候，忽然听见他的父母和兄弟姊妹们大家吃鸡蛋糕，他就立刻跑回来抢鸡蛋糕吃了。他母亲对他说："你的手是很脏的，到面盆里去洗一洗，再来吃。"他哪里肯依，他恐怕鸡蛋糕被他们吃光，所以也不管手脏不脏，就马上来吃了。吃了以后，也不去揩揩手，将手上的油向他自己的衣襟上一揩。还没有揩干净，忽然看见他的娘舅来了，他显出很快活的样子，将很肮脏的手去拉他娘舅的衣襟，他娘舅也没有顾到他的手，很高兴地去摸摸他的头，抱起来了亲亲他的嘴；后来看见他的手就想到他的衣襟，低头一看，啊哟不好了，崭新的一件夹衫已经有十来个手指印了。他也不好意思去说他，只得自认晦气罢了。

☞ 小孩子平时是很好动的，东拿拿西抓抓，手上不知粘了多少尘埃，倘使小孩子不洗手就去拿东西吃，那么尘埃与食物要一同到肚子里去了。许多小孩子在夏天的时候，常常去捉苍蝇扑蝴蝶，手上的微生虫不知粘了多少。他们也不管什么，一看见东西就去拿了吃，做父母的也不去禁止他们，以为小孩子一天到晚总不会清洁的，何必去洗手多麻烦呢？做父母的如此，做小孩子的也是如此，到了后来，小孩子就沾染了疾病，有的小孩子竟因此而死去，你看可怜不可怜呢？所以我说小孩子吃东西以前，一定要洗手的。至于吃东西以后，也要揩揩手的。因为手拿食物以后，大都要肮脏的。倘使拿了后，不去洗手，那么小孩子不是把这肮脏东西粘在自己身上，就要粘到别人身上了。粘在自己身上不清洁，粘在别人身上不道德，说来说去都是不行的。但是有许多小孩子吃东西以后，总不揩手的，做父母的也没有叫他去揩，到了后来，小孩子这种行为慢慢儿成为习惯。其中的害处，更不堪闻问了。所以做父母的，当小孩子小的时候吃东西以后，一定要他揩手。这种事情是很容易的，我劝做父母的大家去做做罢。

原则八：小孩子吃饭的时候，应当有适当的盘、匙。

> 一鸣1岁半以前吃饭，由他母亲喂他吃的；1岁半以后，我们就常常让他自己吃。初吃的时候，我们给他大的盘子和弯柄的匙；到了两岁半，教他慢慢儿用起筷子来。

☞ 小孩子手筋未发达的时候，使用普通碗筷是很不便当的。我们常常看见许多小孩子用尽许多气力，不但不能够取到一点菜一粒饭，而且弄得饭粒狼藉，菜蔬满桌。这种样子既暴殄天物，又惹人讨厌，于父母与小孩子两方面都是不好的。倘使做父母的给他适当的盘、匙，那以上各种弊病大概可以免掉了。因为汤匙容易取食物，而大的盘因为面积较大不容易狼藉食物，所以小孩子不能使用碗、筷的时候，做父母的应当给他适当的盘、匙。等到他手筋已经发达能够使用碗筷的时候，那我们就叫他慢慢用普通的饭碗，用普通的筷子。

原则九：小孩子吃饭时，应当要有适当的椅桌。

一鸣两岁以前，我们替他特制一张高脚坐椅桌，如第1图；两岁以后，再替他做一小椅一小桌，如第2图。

☞ 我们中国普通家庭，小孩子吃饭的时候，缺少适当的椅桌。小孩子两岁以内，做母亲的常常一只手抱他，一只手喂他，小孩子既然不舒服，做母亲的尤觉得不便当。不是碗瓢坠地，就是食物污襟，害处很多，不胜缕述。等到小孩子能够自己吃饭的时候，做父母的就叫他到桌上去同成人一同吃了。要知道成人吃饭的桌子，是很高的桌子，而小孩子的上身短，所以小孩子吃饭的时候，是不便当的。成人坐的凳子，大概也是很高的，小孩子坐着这种凳子，宕着两只腿去吃饭，也是很不便当的；做父母的因为他的种种不便当，就叫他站在凳子上面，凳子肮脏可以不说了，有时候还会从凳子上跌下来，弄得皮破出血。总而言之，小孩子吃饭没有适当的椅桌的害处，既如上述，现在且把有适当的椅桌的好处说一遍。

（第1图）

（第2图）

（一）有第1图的椅桌，做母亲的去喂小孩子，无伛偻驼背之劳。

（二）有第 1 图的椅桌，小孩子吃饭的时候无局促不安之苦。

（三）第 1 图的椅桌，可以随便移动。

（四）第 1 图的椅桌，不但吃饭的时候用得着，即平时也可叫小孩子坐坐，靠着板上玩耍。

（五）有第 1 图的椅桌，小孩子吃饭的时候不会跌下来，无皮破出血之虞。

（六）有第 2 图的椅桌，小孩子吃饭的时候，无太高太低之苦。

（七）第 2 图的椅桌，适合年龄较大一点的孩子，不但吃饭的时候用得着，就是小孩子坐着玩的时候也用得着。

以上几种好处是显而易见的，至于别的好处还有许多，我可以不必一一细述了。小孩子吃饭，没有适当的椅桌，即有许多害处；有适当的椅桌，即有许多好处，所以我劝做父母的大家替小孩子做两只罢。

原则十：小孩子吃饭的时候，须要有围巾。

一鸣每餐吃饭以前，我们总替他系一条围巾。现在吃饭以前，他自己一定要围围巾了。

小香吃饭的时候没有围巾，饭粒满襟，菜茎满肩，一件布衣服，弄得亮皎皎的好像缎子一样。她吃饭以后，也不洗手洗面，她的嘴用两只袖子左右一揩，她的手指头，向她自己的襟上，上下一抹，而她的母亲也不大替她洗衣服，所以她的一件衣服的肮脏，真不堪问闻了。夏天的时候，许多苍蝇都飞到她的衣襟上去吃饭粒菜茎，有时候这种苍蝇趁她睡熟的时候，飞到她的鼻头上、嘴唇上、眼睛旁边去吃她身上的肮脏东西。

☞ 吃饭的时候，很容易把菜饭狼藉在衣襟上面。小孩子手筋不发达，捏筷不稳，更加容易狼藉菜饭。倘使没有围巾替他系着，衣襟上肮脏不说可知了。这种样子，非但不雅观、不卫生，也使得小孩子养成不爱清洁的习惯，影响于小孩子，实非浅鲜。但是许多做父母的没有想到这种弊病，不替小孩子做一条围巾，以致小孩子食物常常沾染胸襟，养成不厌肮脏的劣性。且有时把衣襟衣袖来揩揩嘴巴和手指头。倘使有了围巾，那就可以免掉以上几种弊病，并且可以养成爱清洁的习惯了。有的母亲，也知道小孩子吃饭的时候，有围巾的好处，但是她们因为怕麻烦，不愿意替他们去做，即使做起来，也不愿意给他们用。其实一条围巾也没有多大，比较一件衣服已经小得多了。洗一条围巾便当呢，还是洗一件衣服便当？

原则十一：小孩子小食的分量不宜太多，而且要有定时。

> 我们每天给一鸣吃小食的时候，上午总在 10 点钟左右，下午总在 4 点钟左右。给他吃的东西也不太多，仅仅能够充饥罢了。

> 青儿的家里是很有钱的，所以各种茶食也是很多的，什么鸡蛋糕呀，杏仁酥呀，茶糕呀，饼干呀，各种小食都应有尽有。他的父母因为爱他的缘故，所以常常把这种小食给他吃，吃的分量是很多的，而吃的时候也永没有一定的，什么时候要吃，就什么时候给他吃；要吃多少，就给他多少。他因为多吃小食，就不要吃饭，到了后来，常常害便秘的病，慢慢儿现出瘦弱的样子。

☞ 给小孩子吃小食的目的是要使他充饥，不是要使他吃得很饱。小孩子饥饿的时候，上午大约总在 10 点钟左右，下午总在 4 点钟左右，所以给孩子吃小食的时候，以这两个时间为最适宜，而给他所吃的东西，也只能够充他的饥饿罢了。但是有许多做父母的不懂这种道理，以为小孩子多吃东西则容易长大，多吃东西则容易强壮，所以不论什么东西，不论什么时候，有则给他吃，吃则尽他量。小孩子因为多吃东西就不要吃饭了，不吃饭，身体上就要受很大的影响，甚至因为多吃闲食，常常弄得食积成病，小则犹可，大则殒身，做父母的到了这个时候，真正要百悔莫及了。所以做父母的不爱小孩子则已，如果要爱小孩子，不宜多给他小食吃，而且吃的时候要有一定。

原则十二：应当叫小孩子独自先吃饭。

> 近来我们吃饭的时候，一鸣（时两岁零9个月）也吃饭。他母亲因为要喂他吃，所以不能够与我们同吃。等喂好了，她方才独自个吃，而所吃的都是"残羹剩肴"了。后来我们搬到新房子里以后，就先给一鸣吃饭，使他母亲可以同我们一同吃。

☞ 有许多家庭，小孩子自己不能够拿筷子的时候，由母亲喂他；等到他自己能够拿筷子，就让他自己爬上桌子，同大家一同吃。这种情形在社会上是常常见到的，我也可以不必举出"千篇一律"的例子来，使得阅者诸君讨厌。至于其中弊病，我且一一述之。做母亲的一面既要喂小孩子吃饭，一面又要自己吃，使她食不舒服，其害一。有时候，因为要喂小孩子，她自己吃得太迟的缘故，弄得不特没有菜蔬，而且饭又冰冷，当然不宜，其害二。小孩子既然同大家同吃，看见桌上好吃的东西，就要来抓来拿，这种样子，极不雅观，其害三。拿抓不得就号啕大哭，鼻涕与饭齐嚼，眼泪和汤同饮，使小孩子食不卫生，其害四。做母亲的因为他要吵要哭，有妨害大众的安宁，为委屈求安起见，不得不拿来给他吃，久而久之，渐成食积，使小孩子小则生病，大则殒身，其害五。吃是个个人喜欢的，小孩子一看见有美味的食品，就鹰眈虎视，目不他瞬；有时候竟把这样食品移来，摆在自己的面前，养成他强霸的行为，其害六。照以上六种情形看起来，小孩子和大家同吃，于母子两方面都是有害的，但是有许多做母亲的，以为爱护小孩子非此不可，这真是弄错了。推想做母亲的牺牲自己的权利去喂小孩子的缘故，有许多是因为溺爱小孩子，但是大多数一则是因为小孩子独自吃饭，盘碗等物容易弄破，二则是因为容易把饭粒狼藉，所以她自己去喂他。要知道弄破几个碗，是没有十分大要紧的。他头几次弄破，以后不见得常常会弄破的。小孩子狼藉几颗饭粒，也不打紧的。五谷固须尊贵，但是狼藉几颗，只要拾起来喂鸡狗吃了就是了。至于为了狼藉饭粒要遭天谴，而去喂小孩子吃饭，那是更加错了。

但小孩子到了年纪稍大一些，知识稍开一点，自制能力稍强一点，那应该同家中的成人同食，以享受团聚之乐，那时候，又当别论了。

第五章

卫生上的习惯(续)

原则十三：对于食物，不准小孩子自己随便乱拿。

> 一鸣对于食品，从来不敢自己去拿。他要的时候，叫他母亲或父亲去拿，他即使把装食品的罐头拿来，也不敢自己开了去拿。有时候客人来，他看见桌上有食品，不敢擅自去拿；即使要吃也要向我讨的。不过他来向我讨，我总叫他进去向他母亲或向他祖母要。所以他见客人吃的食品，不敢来讨。

☞ 对于以上这一点，有许多家庭没有注意到。所以小孩子一看见客人来，就觉得很高兴，因为沾客人的光可以有东西吃了。一看见请客的食品摆出来，就不问父母是否许可，自己去拿去抓，倘使他父母说他，他就撒娇；父母骂他，他就哭。做父母的因为恐怕得罪客人就任他去罢了。也有许多小孩子一看见父母把请客的食品拿出去，就大哭起来，他以为他的东西给别人吃了。这样情形，做客人的是觉得很难为情的。所以在当初的时候，做父母的不能够放纵小孩子，切不可因为小孩子向你讨东西，你就给他；也切不可因为不要小孩子吵，就把请客的食品去给他。因为你第一次给他，他第二次也要向你讨了。总而言之，做父母的不应当任小孩子自己去拿东西吃。至于请客的食品，尤不应当给他的，只要叫他到里边去拿就是了。

一鸣有一天，吃饭以后，他母亲给他两块糖，他吃完了还要吃，独自走到吃饭间把橱门打开，拿了两块，正在吃的时候，被我撞见了。他就把嘴里一块立刻吐出来，把手里的一块马上扔在地上，同时就大哭起来。我因为他自己乱拿东西是不好的行为，而且这是第一次他自己拿东西吃，若第一次不禁止他，下次他就要格外大胆做了。所以我叫他到房里去，打了他一顿。自从那次之后，从没有发现他第二次自己拿食物的行为。

☞ 偷食物是很坏的行为，倘使做父母的不去禁止他，那后患不堪设想了。但是有许多做父母的，因为宠爱他们子女的缘故，看见小孩子偷食物，永不去骂他们的；至于打，是难得见到的。小孩子以为偷食物是不要紧的，所以他后来更加要偷了。他以为既可以偷食物，就不妨偷铜钱；既可以在自己家里偷东西，也不妨到别人家里去偷东西。小孩子到这个时候，人格堕落，已经不可救药了。"吾为此惧"，所以一看见他偷糖吃，就打他，以禁他下次。他自己也知道偷糖是不好的，所以一看见我就惊惶失措，大哭起来。在这个时候，我实在不应当打他的，只要教训他一下罢了。倘使他看见我"从容自若毫不介意"，那我才可以去打他。但是我恐怕他将来"人格堕落"，所以也不管他哭不哭，竟是叫他到房里去打他了。

原则十四：做父母的不应当因为小孩子要偷食物，就把食物随便乱藏。

阿香小的时候是很馋嘴的。她看见一件好吃的东西，就向她母亲讨；她母亲给她不够，她就想出种种方法去偷；她母亲因为她要偷，就把吃的东西乱藏。有时候藏在大橱上面，有时候藏在小橱底下，有时候藏在抽屉里，总而言之，她母亲因为她要偷，就把东西常常乱藏。她因为母亲常常乱藏，就把东西乱偷。

我们永不把食物乱藏的。我们的食物总放在橱里。等到吃东西的时候，就拿出来给大家吃，一鸣当然也有吃的。不吃东西的时候，我们大家不吃，一鸣即使要吃，我们也不给他。他也很懂得种种规矩，不来向我们讨东西；讨得没有，也不敢自己去拿。

☞ 乱藏食物的害处有四：

（一）以防贼的方法防小孩子，适足以堕落小孩子的人格。因为做父母的以贼待小孩子，小孩子渐渐地要失掉自尊心了。

（二）不把食品公开，做小孩子的容易怨恨他们的父母；因为他们以为做父母的特地把食物藏起来不给他们吃。

（三）食物容易弄坏，有时候竟被老鼠吃去。

（四）藏得日子太多，容易忘记，以后要吃的时候，就找不到了。

不乱藏食物的好处有四：

（一）不以待贼来待小孩子，小孩子就能够自爱自重，以后不会偷东西了。

（二）小孩子知道这东西是大家吃的，不会怨恨他们的父母。

（三）食物不会弄坏。

（四）物有定所，以后要吃的东西容易找得到。

总观以上所述，做父母的应当不应当把食物乱藏，不待思考而也会知道了。但是有许多做父母的总没有想到这种利弊，因为小孩子要偷，就把这食物乱藏。到了后来，就要犯以上的四条弊病了。要知道不要小孩子偷食物，不是乱藏而可以收效的，应当慢慢儿教训的。教他不应当偷食物；如果要偷，做父母的就应当严厉地教训他。否则，不求本而求末，事愈弄而愈糟了。我常看见有许多做父母的，因为小孩子要偷，就想出种种方法去藏这件东西。做小孩子的，因为他们父母把这件东西藏得这样好，也想出方法去把这件东西偷来方肯甘休。做父母的藏东西的方法愈好，做小孩子的偷东西的本领也愈加大。这种样子，做父母的不是叫小孩子不要偷，简直是教小孩子去学偷呢。

原则十五：做父母的不宜将食物随便乱摊。

一鸣有一天早晨起来，看见桌上有糖就要吃，不给他吃，他就哭。

丽生的母亲是很会摊食物的。无论什么东西拿到哪里，就放在哪里，永没有一定的地方。丽生看见桌上或灶上有好吃的东西，就向他母亲要；倘使她不给他，他就赖在地上哭。他母亲被他哭得不耐烦了，就把食物给他。以后她把桃子放在桌上，他就要桃子吃；她把萝卜放在灶上，他就要萝卜吃。一个随便乱放，一个就随便要吃，所以不到半年工夫，丽生的身体就慢慢儿消瘦了。他的身子虽则消瘦，但是他的肚子是很大的；他的肚子大，他的嘴里是时时要吃东西的。坏了！坏了！很伶俐的丽生，不上两三年工夫，就"一命呜呼"了！

☞ 小孩子没有外界的引诱，决不会哭，不会吵的。倘使桌上或别的地方有好吃的东西，那他自然要讨来吃了；不给他吃，自然要吵了；吵吵依旧没得吃，他自然要哭了。有许多做父母的，因为被他吵得讨厌了，所以就把食物给他，不知道给了他，就弄坏他的身子。丽生的死就是这个缘故。倘使被他看见以后而仍旧不给他，他就要吵；即使不吵不哭，也要使得他花费许多心思。我看有许多小孩子有时候对着食物而咽口涎的，有时候对着食物而虎视眈眈的。使小孩子费许多心思，都是做父母的乱摊的缘故。所以做父母的不要把食物随便乱摊。

原则十六：小孩子吃午饭后，最好安睡一点中觉。

小孩子吃午饭后，应当休息一下，所以今天午饭后，我们就把一鸣放在自己的床上。5 分钟以后他因为一个人在房里寂寞不过，所以就哭起来了。然而哭了一歇，也就安安稳稳地睡去了。

☞ 无论什么人，从生理上讲来，都应当睡一刻中觉的。自晨至午，做事半天，身体上必定觉得疲倦。午饭后，稍睡片刻，必使精神焕发，神志清爽了。况且吃饭以后，胃须静养，使之消化，否则，饭后运动，恐怕有损于胃的。小孩子身体尚未完全发达，饭后尤须睡觉，使有益于身心。至于睡的时间的长短，也以小孩子的年龄和个性并气候而变迁的。大的小孩子睡觉的时间当然比小的小孩子来得短。在夏天的时候，大小孩子都应当睡的；在冬天的时候，因为日短夜长，未必一定要睡，还有小孩子个性一方面，我们也应当顾到。有的小孩子一睡睡了三四个钟头方才醒来，以致晚间不愿照常睡眠，对于这种小孩子，可以设法使他早点醒来；也有许多小孩子，倘使不睡中觉，到了晚上，就疲倦不堪，反不能安睡，这种小孩子睡了中觉，醒来觉得精神焕发，到了晚间，反能安然睡去。所以午饭后，应当让他去睡中觉；至于睡的时候，不应当去扰他，使他不得安睡；倘使外边不安静，那他不但不能睡，而且恐怕也要到外边去玩了。所以有的小孩子须睡中觉，有的要睡得长一点，有的要睡得短一点，做父母的当看各个小孩子的个性和气候而定；不过小孩子吃了中饭应当到寝室里去休息休息为是。至于不要睡中觉的小孩子，最好叫他看看图画，同他讲讲故事，以休养他的精神；要睡中觉的小孩子，倘使一时不能睡去，那就给他看看图画，也是很好的。总之，小孩子睡中觉以个人体质并气候和年龄为定，由做父母的斟酌罢了。

原则十七：小孩子晚上未睡以前，应该有适当的娱乐。

> 每天七八点钟的时候，当一鸣未睡以前我们大概给他一点相当的游戏。有时候弄点音乐，有时候同他讲讲故事，说说笑话，看看图画。娱乐以后，我们方才叫他去睡觉。

☞ 在日间，做父母的大概没有工夫同小孩子游戏；到了晚间，须要抽一点工夫同他玩玩，一方面使家庭快乐，一方面使小孩子对于父母发生良好的感情。至于娱乐的方法，歌乐为最重要；家庭中有了歌声，如有了生气一般，试想一个家庭，吃晚饭后，父母子女团聚一室，同唱同歌，这是何等有趣的事情！一日之间，有了这种团聚，不但于精神上发生无穷的快乐，而且于感情上也可更加融洽，所以家庭中不可不有乐歌。乐歌后最好有点不甚剧烈的团体游戏，至于游戏的方法、种类很多，不在本篇范围以内。游戏后，小孩子就要快睡觉，所以同他说说笑笑，看看图画，使他安安稳稳地可以睡熟了。但是在很多家庭，小孩子未睡以前，大概是没有这种娱乐的。有时候，做父母的偶然高兴起来，就和小孩子说几句，玩一玩；倘使不高兴的时候，不但不和小孩子谈笑，而且常常拿着小孩子来出气，不是骂就是打，吵吵闹闹，弄得一家不安。小孩子受了这种打骂，夜里就不能安安稳稳地睡熟了。这种样子，非但做父母的没趣，就是小孩子身心上也是有很大影响的。所以做父母的绝对不应当这样去对待小孩子，应当在小孩子未睡以前，用以上各种娱乐的方法，使得小孩子心境快乐为是。

原则十八：小孩子夜里睡眠的时候，应当穿睡衣。

> 一鸣每夜临睡的时候，我们把他日间所穿的衣服脱下，换上一套睡衣；早晨起来，又把他的睡衣换掉。

☞ 睡衣于身体上有很大的好处。我们日间所穿的衣服大概是紧窄的，贴身所穿的衬衣尤更紧窄；倘使我们把这种衬衣当作睡衣，于身体上就要受很大的影响了。因为睡的时候，我们须要衣服宽大，使得血脉容易流通；如果穿了很紧窄的衬衣，血脉就不易流通了。有许多做母亲的不懂这种道理，在小孩子临睡以前，给小孩子穿了一件很紧窄的衬衣，以防他受寒，下身又裹了许多的布条，以防他遗矢，把一个小孩子缠得好像一个木偶人一样。小孩子受了许多束缚，寒固不容易受了，矢固不容易遗了，但是他的身体也受许多的影响了。呼吸不灵，血脉不和，到了后来，往往显出一种瘦弱的现象。其实防他受寒，非一袭紧窄的衬衣所能够收效的；防他遗矢，也不必裹许多布条。倘使替他的被服弄好，也就不会受寒；胯间系一条矢布，遗矢也不必忧了。她们不去这样着想，而竟将小孩子束缚得动也不会动，岂不碍卫生吗？所以我希望做父母的不要这样去束缚他，应当替小孩子做一套宽大的睡衣，临睡以前，替他换上；起床以后，替他换去。费时有限，费钱无几，而小孩子的身体实受了极大的利益。照这样说来，爱子女若父母者又何不赶快去做呢？不过对于使用睡衣，亦当以家庭设备或气候寒暖而转移。假使天气寒冷而家中没有火炉设备，那就因为换睡衣的时候容易受寒，睡衣可以不必换，不过所穿的衬衣，应当要宽大一些，使他身体上不会受什么影响，这是应该注意的。

原则十九：小孩子不应当有人抱了睡。

　　一鸣1岁大的时候，常常要他母亲抱着睡；倘使她把他放在床上，他就哭起来了。一天晚上，我们决计要把他这种坏习惯改去，所以不管他哭不哭，把他放在床上，叫他独自睡去，他不愿意独自睡，就哭起来了，并且要他母亲去抱他；

他母亲因为他哭得太久了，就去抱他一歇，不多时，他就熟睡了；第二天晚上，他不吵而睡熟了；第三天晚上他哭了一歇不哭了；第四天晚上，他一点也不吵了。

☞ 小孩子喜欢抱着睡的习惯，大概是由于做母亲的姑息而养成的。做母亲的因为疼爱小孩子，所以就把他抱了睡。小孩子以后习以为常，不肯独自睡了。一鸣要他母亲抱着睡，也是这个缘故。他以前吃乳的时候，他母亲抱了他吃乳，吃好了，他也睡熟了。到了后来，乳不吃的时候，他母亲还是抱了他睡熟以免他吵，所以到了现在，他非抱着不肯睡了。我因为这种习惯，终究不可以为常的，所以毅然决然地叫他母亲把他放在床上，叫他独自睡着，不到三四天，他居然能够独自睡了。

同年 11 月 12 日的晚上，一鸣又不愿意睡在床上，并要他母亲抱了睡，他母亲不依他的要求竟自出去了。我把灯熄掉，把门关着，他就大哭起来，要爸爸要妈妈进去，哭了一歇，我进去，他就不哭了。我把他的眼泪揩干，好好儿亲他几下，叫他独自睡着，而且对他说"明天再会"，他受了我这一番安慰，就显出心境安宁，与我"和好如故"的样子。我出去了之后他就睡熟了。

☞ 做父母的不应当因为小孩子不肯独自睡就去抱他，也不应当听他哭不去睬他，应当用种种方法去安慰他使他独自睡去。当一鸣关在房里哭泣的时候，假使我让他去哭而不去安慰他，他虽然因为哭得疲倦会睡着的，但是他的心境是很不安宁的。我用这种方法去教育他，一方面使他知道他应当独自睡的，一方面使他心里觉得很安宁。这种方法是宽猛并济的，比较纯用硬逼的方法是好得多了。

【总结】 小孩子要人抱了睡，于小孩子和母亲两方面都不方便的。做母亲的因为手里抱着小孩子，不能够做事情，即便做，也是很不方便的；小孩子因为被他母亲抱在手里，容易动醒，即使不醒来，也不能够安安稳稳地睡着。既然两方面不好，做母亲的应当把这种坏习惯改去才好。但是许多做母亲的舐犊情深，明知之而故犯之，真正自寻烦恼了。我常看见有许多做母亲的一只手用衣襟裹着小孩子，一只手拿着吊桶到井里去汲水。唉！辛苦可以不必说了，一不留神，也会跌到井里，危险极了！做父母的日里抱着小孩子睡，其害既如上述，就是夜里抱着小孩子同睡，也是很不好的。总之，做父母的不论日里夜里，都不应当抱小孩子睡的。

原则二十：不准小孩子点灯而睡。

1923 年 4 月，一鸣（两岁零 4 个月）有一种点灯而睡的坏习惯。这种习惯是逐渐养成的。现在把他养成的历史说明一下：当初是因为我们房屋太少，所以他同我们是同室异床而睡的，他睡的时候，我们还没有睡，所以灯还没有熄掉。后来我们搬到新房子里来，他同我们异室而睡了。他因为以前是点灯而睡的，现在忽然没有灯，所以就要吵了。这个月 19 日晚上，我们决计要把他这种习惯打破，所以熄了灯，把他放在床上，他看见没有灯就大哭起来了。大约哭了 5 分钟的时候，他母亲去抱他，他方才不哭。第二天晚上，熄了灯，他就不哭；第三天，他只哭了半分钟；到了第四天，他完全不吵了。后来他的坏习惯又发现了，睡的时候，常常要点着灯。同年 10 月 1 日的晚上，他睡的时候，我就把灯熄掉，他就大哭起来。后来他母亲因为被他哭得不耐烦，就把灯开了。第二天他睡的时候，我又把灯熄掉，他就哭并且要他母亲来。她虽进去，但是仍旧没有开灯，他没有法子也只好不哭了。

☞ 点灯而睡的害处很多，我现在且把显而易见的说一下：

（一）不卫生。电灯固然无烟；至于菜油、火油等等费多少油，就发出多少烟煤。倘使把灯一夜点到天亮，发出来的烟煤就不少了。人睡的时候，把这种烟煤吸进去，那于身体就要有妨碍了。我常看见有许多人，夜里睡的时候，把门户关得"风息勿漏"，又把无罩子的火油灯点到天亮。等第二天早晨，我们进去的时候，还觉得烟雾弥漫，煤屑乱飞，令人闻之头痛。我想他把这种烟煤一夜吸到天亮，妨碍于身体是不消说的了。其害一。

（二）多危险。点油灯而睡，则油灯有时候被猫或鼠弄翻，"致肇焚如"。我记得有一个农夫，常常点灯而睡的。有一夜，一盏青油灯不知为了什么缘故，把油倒在桌上，就在桌上烧起来了。这个农夫已经睡觉了，没有见到，但是隔壁的人还没有睡，他们看见火光，就拼命地叫农夫，农夫从梦中醒来一看，一张桌子已经烧得斗大的一个洞了，用了许多气力，方才把火弄熄。这种事实虽不常见，但是点灯而睡究竟有许多危险。其害二。

点着灯睡既有二害，反之则有二利。但是有许多人不计利弊，常常把灯点着而睡，这未免做错了。追溯他们这种恶习惯的起源，大概是因为他们小的时候，做父母的没有禁止他们的缘故。倘使早早禁止他们，他们也不会有这种坏习惯了。有许多小孩子因为怕黑暗，点着灯可以壮胆子，所以常常点着灯睡，后来成为习惯，虽欲改而已不容易改了。如果小孩子为惧怕而点灯，那么做父母的应当先去其惧怕，而后叫他不要点灯。如果为了别的缘故而点灯，那么做父母的也应当想方法去禁止他点灯。总之，点灯而睡是不好的习惯，做父母的须要当心，务使小孩子能脱离这种恶习。

原则二十一：小孩子最好独睡一床，独睡一室。

我们搬到新房子里以后，在我们寝室的旁边，另辟一室给一鸣作寝室。至于独自一床，未搬以前，我们早早叫他实行了。

☞ 有许多做父母的，大概是和小孩子同床而睡的。他们以为小孩子年龄幼稚，知识薄弱，饥不能讨食，寒不能讨衣，而且睡得很蛮，一不当心，就把被服踢开弄得受寒生病。所以他们以为非同小孩子同睡不可。要知道同小孩子同床而睡，固然可以就近照料，但是其中的害处也很多。我现在举出五大害如下：

（一）容易被父母压死。小孩子身体孱弱，经不起父母一压，所以做父母的一不当心，往往把小孩子压死。我记得 20 年以前，有一个 3 个月的婴儿，竟被他母亲的手臂压死了。

（二）容易被被服窒死。小孩子睡在大的被服底下，抵不住被服的压迫，往往有因此而窒死的。邻家十仓老的小孩子已经有五六个月大了，有一天早晨，他妻子起床以后，就把孩子用被服好好儿盖着，后来她去为他穿衣，而他已经死了。这种惨事，常常听得到，不止十仓老的儿子一个。

（三）很不卫生。父母所呼出的碳酸气被小孩子吸去，而小孩子所呼出的碳酸气被父母吸去，这是不卫生的。在热天同睡，尤不卫生。

（四）不能安睡。睡的时候，小孩子一醒，父母也要醒了；有时候父母一动，小孩子也被惊醒，以致往往大家不得安睡。

（五）养成依赖性。小孩子同父母同睡，他的独立性和独立的生活习惯，都不容易养成。所以做父母的应当使小孩子独睡，慢慢儿造成他独立的精神。

总以上五者而观之，小孩子与父母同睡既然有许多害处，反之，不与父母同睡，那么就有五利了：（一）不会被父母压死。（二）睡在他自己的小被服里，不会闷死。（三）父母与小孩子两方面大家可以安睡。（四）比较卫生。（五）养成小孩子的独立性。

照这样看来，小孩子应当独自一床睡的。做父母的如果防小孩子受寒，那么只要替他盖着用大的"别针"把他的被服夹住就是了。小孩子不但应当独自一床，如能独自一室那就更好了。因为独自一室，小孩子晚间醒来只要母亲或父亲起来照管他；倘同在一室，做父母的都要被他弄醒而不得安睡了。而且小孩子有了一室，一方面他的独立精神格外容易养成；一方面尊重他人权利的思想，格外容易发展。不过对于这一层，须以房屋多少为转移，房屋多，那么小孩子也可以独自一室，倘使房屋少，那么同室而睡也不要紧，不过不要同床而睡就是了。

原则二十二：小孩子便溺须有定所。

> 　　一鸣有一只大便椅子，其形与普通有靠背的椅子一样，不过略为小一些。它的里面有一只铅皮桶，即用以盛粪的，盖盖其上而置之于椅子之中，不知者竟以为一只椅子。我们把这只大便椅子放在洗面室内，他要便溺时，就到洗面室里面去，把门关上，他就可以小便或大便了。

> 　　文煊没有这种椅子，他所用以便溺的，不过是一只畚箕罢了。这只畚箕有时候摆在床面前，有时候摆在桌底下，摆来摆去，没有一定的地方。他要便溺的时候，两只手拉着裤子，四面乱找，找得到还好，找不到就在无论什么地方乱撒了。在夏天的时候，秽气熏腾，群蝇乱飞，几令闻者欲呕，而他的父母不以为奇，即使有时候看不过去，也不过说他几声罢了。

☞ 便溺固人人所不能免，但是也不能随便乱撒。我看见有许多不知羞耻的男人，要便溺的时候，就不论天井里、大路里，随地就撒，倘被别人踏着，真要作"三日呕"了。他们这种不知羞耻的行为，都由于他们小的时候，便溺没有定所，而做父母的不去好好儿教训他们的缘故。倘使做父母的从小去教训他们，而且使得他们便溺有定所，那么他们也不敢在外面乱撒，也不肯在外面乱撒了。我现在且举二例以实吾言。今天（1923年11月9日）一鸣（两岁11个月）在外面游玩的时候，跑到他母亲那里去，说要解小溲；他母亲因为离家太远，就叫他在墙隅解了。解的时候，他低声对他母亲说，爸爸要骂的。同年 10 月 7 日他在洗面间解溲的时候，叫他母亲把门关着，并且对他母亲说"羞死哉，不关门"，他已经知道应当关着门解溲的，免得别人进来看见。可知无论哪一个小孩子，倘受良好教育，决定不会在外面乱溲的。如果便溺没有定所，做父母的又不好好儿去教训他，那就要随地便溺了。

原则二十三：小孩子大便须一日一次，而且要有定时。

知新每天解大溲一次，而且总在早晨起床以后，大约 7 点钟的时候。

文煊解大溲从没有一定时刻，有时候在早晨，有时候在下午，有时候在半夜里。有一次在严冬 12 月里的时候，半夜里他忽然要大便了。他母亲恨极，一面打，一面骂说："早不解，迟不解，偏偏要留在半夜里解，你的良心会这样劣。"骂了许多时候，方才把他抱下床来。文煊来不及已经有一半遗在床上了。他母亲嗅到臭气，就向他说："你解在床上了吗？"文煊知道自己做了差事，一响也不响，不过栗栗的发抖罢了。他母亲因为嗅着臭气，就去摸摸被褥，啊哟！不好了！果然有一大堆屎了。他母亲气极了，手里点灯，嘴里咒骂，弄了半天，方才把一堆"黄白物"弄掉。弄好以后，她又重重地打他一顿。他的身体本来是不大强健的，今夜受打又受寒，肚子便不好过了。不到天亮，又要大便了。他母亲被他连吵两次，肚子也不好了。后来听说他们吃了好几帖药才复元。

☞ 有许多人说解大溲，完全要听小孩子自己的，做父母的断不能限定时间去规范他的。倘使规定时间去限制他，那他不要解溲的时候，也要去迫他吗？要解溲的时候，不许他解吗？持这种论调的人，大概是由于不晓得不按时解溲的害处和不用决心去养成定时解溲习惯的缘故。我现在且把这种害处举两条出来给大家看看。

（一）不按时解溲常常有在半夜里解溲的事情发生。春夏秋三季还不要紧，如果在冬天那就有许多不便当了。文煊的事情，就是我们的"殷鉴"。

（二）小孩子大便没有一定的时间，到了大便的时候，常常要患闭结的毛病，而且身体会受重大的影响。

解溲没有定时，既有以上的二害，反之，则有二利了。倘使做父母的叫小孩子按日做去，小孩子一定不以为苦的。到了后来他到解溲的时候而没有解溲，必定要觉得不舒服了。不到解溲的时候，除掉特别原因以外，他一定不会要解溲的。至于解溲的时候，在我看起来，以早晨醒来为最宜，次之晚间睡眠以前。不过每天总要有一次，而那次时间总要有一定。这种习惯是容易养成的。如果他第一天做不到，那第二天再叫他去做；倘使第二天再做不到，那第三天叫他再做；这样慢慢儿做去，一定能够做得到的。

原则二十四：婴儿不应当终日感受外界的浓厚刺激。

记得有个故事，可以证明小孩子不应当终日感受外界的刺激，而尤其是初生的婴儿。现在试将它写了出来：

有一个妇人，生了一个婴儿，非常的宝爱，每天必定要抱在手里和那婴儿开玩笑，或者抱到街头巷间，在许多妇人的面前，表示宝爱的样子。这个婴儿的面孔真是生得玲珑可爱。于是许多人，你也来和他玩玩，他也来和他嘻嘻，有的同他接吻，有的故意把可怕的东西放在他的面前，使他哭泣起来，表示有趣的态度，弄得这个婴儿，真是和玩物一样，简直把婴儿的生命，看似演木偶戏的小木偶一样。没有多少时候，这个婴儿果然生病了，幸而不久就告勿药，没有危及生命。

有一位做母亲的，是研究过家事教育的，她对于儿童心理学，更有一些素养，所以她对于小孩子的看护是很能依着科学方法的。她曾生了一个婴儿名唤雨花，面貌非常美丽可爱，然雨花的母亲，却不和一般人一样，常常把她抱在手里，给人家开玩笑，或把适于成人的笑语说给她听，或以"猫来了"、"狗来了"、"老虎来了"种种恐吓的话，欺骗她。这位母亲只是把雨花放在摇篮里，把摇篮置在空气清静、色调简单的房子里，使雨花安睡。醒来的时候，更没有许多奇异古怪的印象表示在雨花的面前，使她引起种种"不快之感"来。后来雨花长大了，神气却越发敏慧，姿态格外秀美，智力的发达，更是令人可惊的。所以小孩子在婴儿时代，断不可时常给以复杂的刺激，引起他的反感，雨花的母亲，是可以做一般母亲的模范的。

☞ 心理学家告诉我们说："刺激与反应，是互为因果的，感受了何种的刺激，一定会引起相当的反应，刺激愈猛，则反应愈强，这是不易的道理。"我们的脑系组织，在幼稚的婴儿时代，是非常纤弱的，仿佛是含苞未放的花朵，再也受不起蜂蝶的摧残和狂风暴雨的打击。做母亲的，诚然不应当把许多复杂的笑话，恐吓的故事，庞大的怪声，在婴儿面前如演新剧一般地时常表现，又以为他可玩，某叔来了抱抱他；某婶来了，抖抖他，一日之间常常受着许多猛烈的刺激，无怪到后来，神经显出不稳固的样子。

原则二十五：小孩子不应当终日抱在手里。

我们多数的小孩子，可以说是抱大的。不是他们母亲抱着，就是他们祖母抱着，或是他们姊姊哥哥抱着。一天到晚，除了睡眠以外，总是抱在手里如同宝贝一样。还有许多小孩子，正要爬行的时候，而做母亲的还是抱着他，使他不得自由行动。现举一例：有一天，我在女青年会打球。看见三个妇女各抱一个小孩子，站在草地上看我们打球。两个是同我打球人的小孩，一个是外边来的，这三个小孩子的年龄是1岁零3个月左右，都能够在地上爬行，而且也喜欢在地上爬行；但是他们的大人总是抱着不肯让他们去爬。

我在美国看到有些家庭的小孩子，不是这样子的。小孩子从生出来后就不抱在手里的。一天到晚除掉一点钟或半点钟抱着以外，都让他睡在小床里，任他自己乱踢乱敲。到了五六个月的时候，让他靠着坐褥或椅垫等软物，独自坐着。有时因为他坐了太久，就抱抱他玩玩。再过了三四个月，他的运动的能力逐渐发达了，就让他在适当地板上或草地上爬爬，有时候他爬得倦了，就坐着玩玩。再过了三四个月，他要扶着东西站立了，在这个时候，他喜欢立立就让他立立，他喜欢坐坐就让他坐坐，他喜欢爬爬就让他爬爬，总没有常常去抱他的。后来小孩子慢慢儿要开步的时候，做父母的不使他常走，因为小孩子身体重而脚筋弱，倘使多走，他的脚容易成疾（如行走时脚尖向内，等等）。等到小孩子脚筋逐渐发展了，那就让他自己去走，父母不过在后面看看罢了。自此以后，小孩子的筋肉，更加发达了，做父母的就让他自己去运动了。就是我第二个小孩子秀霞，自生后除了吃乳以外，我们总让她独自睡着；她即使哭，我们也不去睬她。如是习以为常，她睡在床上就不哭了，而且常常显出很快活的样子。到了第四个月的时候，她喜欢侧起来了，所以我们就让她垫着东西使她侧着睡，再过了两三个月的光景，她逐渐能够坐了，我们就把东西替她垫着，使她坐坐。现在她已经有1岁了，自己喜欢坐着玩了，我们有时候让她坐在床上，有时候让她坐在椅上，有时候让她坐在摇篮里，让她自己去玩，倘使她坐得乏了，那么我们去抱一歇。总而言之，她自生后到现在抱的时候是很少的。

☞ 小孩子生性是好动的。我们看很小的婴儿，从生出后，就喜欢手动脚踢，一刻不歇。到后来，筋肉逐渐发达了，而运动的能力也就格外增加了。小孩子既然生性好动，倘使我们终日抱着，那他就少运动的机会了。推想父母抱小孩子的缘故是因为珍爱他，宝贝他，所以一听见小孩子哭，就立刻去抱他；要知道小孩子哭哭是不要紧的，他一面哭，一面动着，于他身体上实在没有妨害的；倘使你一听见他哭就去抱他，那他以后就更加不肯睡了。因此你就终日抱他，他的肌肉就不容易发展了。我们看我国富贵子弟多孱弱，贫苦子弟多强健，虽则他们致弱致强的原因不一，但是他们小的时候，做父母的常抱不常抱，也不无关系。大抵贫苦之家，做父母的终日碌碌，席不暇暖，哪里还有闲工夫去抱他们的子女呢？他们的子女也只好睡着或爬着，孩子运动的机会既多，所以他们的身体也就格外强健。至于富贵之家则不然。做父母的生一子女，如获珍宝，常相扶抱，刻不释手，不仅养成娇养的习惯，而且使他身体不强健。至于父母一方面，也因此花费了许多光阴，所以于两方面都是不好的。

【总结】上面两章都是关于小孩子卫生的习惯。我们晓得，强健的身体是小孩子幸福的根源，若身体不健全，小孩子固然终身受其累，而做父母的也要受无穷的痛苦。

卫生的习惯与身体的健全是有密切关系的。有许多做父母的对于种种卫生的习惯不但没有顾到，还有许多误会。我所以特别详详细细把主要的习惯写出来以引起做父母者的注意并以解除许多无谓的误会。

第六章

游戏与玩物

原则一：小孩子需要有适宜的伴侣。

> 有许多小孩子本来是很好的，后来进了学堂或私塾，同一班坏的小孩子做伴侣，慢慢儿受他们的影响也变成不好了。有许多学生常常把铅笔放进嘴里去润润，这种习惯大概是从别人学来的；要知铅是有毒的，很妨害卫生的，而且舐铅笔头的行为也不很雅观，所以做父母的应当注意这种行为。一鸣（两岁零9个月时）有一天赤了脚不肯穿鞋，后来看见一个邻家的小孩子穿着整齐到我家里来玩，他就跑到他母亲的地方去叫她把他的鞋子穿上。你看小孩子的环境多要紧！像这样小的孩子都能够受到环境的影响了。

☞ 语云"益者三友，损者三友"。这可知社会上朋友不是个个好的。同好的做伴侣，就受他的益处；同不好的做伴侣，那就受他的坏处了。小孩子知识简单，尤其容易受伴侣的影响。他的伴侣喜欢骂人，那他以后也喜欢骂人；他的伴侣喜欢说坏话，那他以后也喜欢说坏话了。这样看来，小孩子与伴侣的关系是很密切的。所以孟母三迁其邻，而马伏波之训子侄谆谆以季高为戒。

原则二：小孩子应有与动物玩弄的机会。

> 动物可以玩的有许多，普通的兽类是狗，其次是猫和兔，鸟类是鸽子，其次是芙蓉鸟等。

☞ 小孩子玩的动物需要清洁无病，而且性情要驯良。倘使所玩的动物很清洁，那小孩子的身体不会肮脏；所玩的动物没有微生虫，那小孩子可以免掉疾病；动物的性情来得驯良，那小孩子就没有什么危险。不过这种清洁无病、驯良可爱的动物普通是不容易找到的。我们平常所见的狗和猫，不是癣癞满身，就是凶狞可畏。此种动物，不但不可以给小孩子玩，而且也不可让小孩子去接近。所以要给小孩子玩的动物，我们最好从小豢养起来。可以玩的动物既如上述，我们现在再把玩动物的好处说一下。

（一）可以养成小孩子不怕动物的胆量。小孩子生来大概是不怕动物的。后来做母亲的当小儿哭的时候，常常去吓他们，说什么狗来了，猫来了，老虎来了，熊来了，甚至于说山狼吃人、狗熊吞物等许多可怕的话，不但小孩子闻而生畏，就是成人听见，恐怕也要毛发尽竖了。无怪小儿以后就不敢亲近狗猫牛马等动物了。倘使做父母的不要去吓他，而且把可爱的动物给他玩玩，那小孩子不但不会怕动物，而且也很喜欢同动物做伴的。我的小孩一鸣在 6 个月的时候，看见一只马离他有 5 尺远，他看看它而且对它笑笑。后来他看见他堂兄同狗玩，他就大笑起来。有一天，他真的骑了马玩。他不但不怕马而且非常高兴地去骑它。他堂兄养了许多蚕，他一看见就要去拿，并不惧怕。还有一天，我拿一只小龟养在面盆里让他看看。他一看见水中能动的小龟，立刻伸右手来捉。从上面三个例子看来，小孩子本不怕动物的，若我们常常把动物给他玩，那他对于接近动物的胆量会更加大了。

（二）养成爱护动物的习惯。小孩因经验缺乏，知识薄弱，是不能十分爱护动物的。例如一鸣当 1 岁零 3 个月的时候，看见有人宰小羊，听见羊叫的声音并看见羊的鲜血迸出来，他站在旁边瞪眼看着，没有现出怕惧的样子，也没有表示可怜羊的态度。即此一端，就可以证明年幼的小孩子是不能与动物表同情的。倘使我们常常把这只羊给他玩，那么当杀羊的时候，他就要替这羊抱不平了。一鸣到了 3 岁半的光景差不多就是这样了。有一天，他看见他所玩的一只小鸟死了，就显出很爱怜小鸟的样子，并且把死鸟放在手中不肯让人把鸟丢掉。又有一天，他听说我们要杀小羊吃了，他极力恳求我们不要杀它。我们要问，为什么一鸣从前不能爱护动物现在能够呢？其原因很多，但最要紧的就是我常常表示爱护动物的动作和态度给他看，并且使他得着与动物相接触的各种机会。

（三）使他知道动物的习性与动物的生理。我常看见有许多学生，嘴里讲鸽是怎样的形态，是怎样的构造，说得天花乱坠，娓娓动听，倘使我们指鸽以问之，他即瞪目不能答。名且不知，形态与构造可不必说了。这种只知书上的鸽而不知实在的鸽的弊病，是由于平常不与鸽接近的缘故。我们要使得学生免掉这种弊病，必须在他们小的时候，多把动物给他玩；小孩子一方面可以取乐，一方面可以知道动物的习性怎样，形态怎样，起居动作怎样；而且以动物的性质、形态、起居动作，小孩子就发生种种反应。如怎样弄狗，怎样玩猫，怎样喂兔子。这种反应，影响小孩子的知识实在非浅。

（四）与动物做伴侣。小孩子所玩的东西大概是玩具和动物。但是玩具是死的，动物则不然，当小孩子玩的时候，就发生种种反应。小孩子因为它这种反应，玩的兴趣就格外浓厚，而他的乐趣也就格外增加了。我的小孩有一只狗同一只猫，它们离开他的时候，他就要寻找。这点我们可以证明，他一方面是少伴侣的感觉，一方面是失离伴侣的感觉。有一天，我给他一只小黑猫，他很喜欢的就同它玩耍，并且"咪咪"地唤它。又有一天，我的小孩子在路上看见行人骑驴子，他也要骑驴子，我就雇了一匹，他骑了显出很高兴的样子。凡此诸端，可以证明小孩子是很喜欢玩动物的。

以上所说的不过荦荦大者罢了，此外还有许多好处略而不说了。我们总起来说几句，狗、猫、兔子、鸽、芙蓉鸟种种动物，是儿童很好的玩物，也是儿童很好的伴侣。儿童有了这种伴侣，一方面可以发展他的同情心，一方面可以学得动物的习性，并且可以使他不致寂寞。不过动物必须清洁、无病，而且性情驯良，最好动物是从小豢养的。

原则三：小孩子平时宜穿运动套衣。

我国的小孩子可以说都是没有运动套衣的。所以小孩子一运动就弄脏了衣服。衣服弄脏，做母亲的就要打他骂他了。我曾看见有一个母亲把她一个两岁大的小孩子终日穿了美丽的衣服以炫耀别人。她恐怕她的小孩子把衣服弄脏就不准他去玩耍。小孩子要去玩玩水，她不准；要去玩玩沙土，她也不准。小孩子一方面固然喜欢他的美丽的衣服；但是一方面因为这套衣服就丧失他的自由了。美国良好家庭的小孩子大都是有运动套衣的。他们夏天有夏天的运动衣，冬天有冬天的运动衣。他们有时候穿着运动衣到野外去拍球，到江河上去跑冰。有了这种运动衣，他们可以常常去运动而且衣服不会弄齷龊。

☞ 小孩子生来大概是喜欢动的。因为他常常运动，所以他的肌肉就慢慢儿发展了。倘使做母亲的把他穿得花花绿绿斯斯文文束手束脚的叫他坐着，那么也差不多被一套美丽衣服束缚拘禁了。非但小孩不舒服，就是做母亲的看了也要难为情的。做母亲的如果替他做一套运动套衣，叫他时常穿着，那他既可以运动，以发展他的肌肉，又不会弄脏了他美丽的衣服，岂不是一桩很好的事情吗？

原则四：小孩子玩好东西以后，应当立刻整理好放在原处。

有许多小孩子正玩东西的时候，一听见外面有很热闹的声音，就往往立刻丢开他所玩的东西，到外边去看。有些小孩子回来以后，仍旧去玩他所玩的玩具；但是有些小孩子，一回来就去玩别的东西去了，他以前所玩的不去管它。前者可无问题，后者做父母的应当叫他整理他的玩具。但是小孩子独自个整理东西，大概是很不高兴的，所以做父母的须帮助他，以助他的兴。小孩子整理东西，大概是不能周到的，所以做父母的应当在他的旁边督察他。小孩子大多数很高兴去玩东西，而不高兴去整理好已经玩过的东西，所以做父母的应当督察他，帮助他，诱导他，如果他不听，那就应当强逼他。

☞ 小孩子大概不会知道去整理他所玩过的东西的。做父母的应当常常督察他，诱导他，使他慢慢儿养成这种良好习惯。这种习惯在小时不养成，那到了年龄大的时候，还是不肯整理东西的。我常看见有许多中等学校的学生，早晨起床以后，连他自己的被褥也不高兴去叠。倘使有人去问："你为什么不叠被呢？"他们说："今天晚上还是仍旧要睡的，现在何必去叠它多一种麻烦呢？"哈哈，他们所回答的话真是妙极了。天下恐怕没有一用而以后永不用的东西。照他们说起来，一用以后，可以不必再去整理了。所以他们看了书报，就不高兴去整理书报；吃好了饭就不高兴去洗他们的饭碗。他们这种懒惰性，都是小的时候做父母的没有好好教训他们的缘故。所以到了现在就有这种行为。其害一。不整理玩好的东西，一方面固然养成惯性，还有一方面，外表上很不雅观。我想无论什么人，都爱齐整的。乱摊玩具、乱放书籍是最不雅观的样子，除了同他同性质的人，常常容易引起别人的厌恶。其害二。东西放在原处，以后用的时候，找找便容易了。倘使东摊摊，西放放，那么以后要用它的时候，便不容易找了。我常常看见有的家庭是很会摊东西的。无论什么用过以后，都随便一丢，以后要用起来，大家就记不起来了。费了许多工夫，费了许多精神去寻一样东西，寻着了固然没有事，寻不着就大家骂起来了。他说你会摊，你说他会摊，你说我，我说你，在旁边的人实在难以为情。一个儿子对着他母亲说："你一天到晚，除了吃饭睡觉以外，就是寻东西。"这句话真可谑而虐了。这种弊病也许是小的时候养成功的。其害三。小孩子不整理好他的东西，做父母的因为不雅观，所以常常替他去整理，放在原处。到后来，小孩子以为做父母的应当替他整理东西的，以后玩好了东西，就永不高兴去整理了。养成小孩子"己逸人劳"的观念。其害四。以上四种弊病是显而易见的，其余的弊病还很多，今从略而不举了。

> 一鸣3岁大的时候，有一天，他将他自己的书搬到我们的房里来，作贩卖的游戏。玩了没有多少时候，我们大家要吃饭了。我叫他将书籍整理好，他说要吃饭了，吃饭以后再放好。吃过饭，他说要睡了。后来我对他说："我帮助你一同弄。"我就"嗨嗬"、"嗨嗬"地叫着（像工人抬东西或挑东西时的一种喊声），替他整理起来；他看见我已经替他整理，也"嗨嗬"、"嗨嗬"地叫着，把书籍搬到他的书架上去了。

☞ 小孩子有时候不高兴独自去整理他玩过的东西。在那个当儿，做父母的可以用他平时所喜欢的东西去助他的兴趣。"嗨嗬"、"嗨嗬"地叫着搬东西是一鸣平时最喜欢做的，所以我就利用这种方法去引导他。倘使我们不去引导他而去强逼他，那他心里就要很不高兴了；虽然他因为怕你，不敢不去做，但是他的心里已经很不舒服了。如果他不受引导，那就不得不用强逼手段了。

原则五：小孩子最好有玩水的机会。

> 许多父母素来禁止小孩子玩水的，而且游泳的地方也一点没有设备，常常有许多危险，所以就以水为畏途了。要知道小孩子生来是喜欢玩水的。一鸣小的时候常常喜欢在水盆、

水缸里泼泼水、玩玩水。有一天，他拿了一只盛土的小杯子从水桶里装了水倒在花盆里。有时候我带他到池塘边去游玩，他就拿了石子丢在塘里以听石击水的声音。有时候我带他到乡下去玩，他看见一个池塘，就要去玩水，我就让他去玩了。从以上看来，小孩子大都是喜欢玩水的，尤其喜欢野外的水，所以我们应当常常带小孩子到野外去玩玩。不过小孩子到野外去玩水时常有许多危险。去年7月里，我听说有一个6岁大的小孩子，同他祖父到野外去玩。他沿路采了许多美丽的花，一只手拿了一根细长的竹竿，嘴里还唱着有腔没字的歌儿，同他祖父沿着河边走。他祖父是一个60多岁的人了，眼也花了，耳也聋了，一只手拿着旱烟管，还有一只手牵着一头水牛。后来他们俩走到桥的旁边，小孩子看见了几尾小鱼，就拿来竹竿在水面上乱打。不知这么一来，小孩子就跌到河里去了。他的祖父还没有看见；后来因为看不见小孩子，就四处寻找，可怜这个可爱的小孩子不到5分钟的工夫，就一命呜呼了。又有一个五六岁的小孩子同他母亲坐在池边一株杨柳树底下纳凉，他手里拿了许多小石，一块一块地丢在池里。后来他母亲看见了她的朋友就走过去谈话，小孩子一不当心也就跌在池里了。幸而他母亲发觉得早，所以小孩子得救起来。还有一个例子，也可以说明小孩子在野外玩水是很危险的。有两个小孩子同他们的父亲在野外耕田。最小的一个小孩子因为弄得生厌了，就到田边一个塘里去捉鱼。哪里晓得这个塘是边浅中深的。所以这个小孩子一脚陷在塘里，再也爬不出来；后来被他哥哥看见，就一面口里嚷着一面飞也似的跑过去救了他起来。

☞ 小孩子到野外去玩水实在是很危险的，即使去玩，做父母的应当极小心去看管他。不过在家里玩水是不要紧的。做父母的应当把清洁的水给他玩玩，或在面盆里或在水桶里，或在清而且浅的河沟里、池塘里，做父母的应当让小孩子去玩玩，切不要禁止他。我常看见有许多做母亲的一看见小孩子在面盆里或脚盆里玩水，就去禁止他。倘使小孩子衣服弄湿了，就不论皂白使劲地在小孩子的屁股上乱打而且口里恶恶毒毒地骂。于是小孩子就不敢玩水了。又有许多做父母的，因为要阻止小孩子去玩水，就造出种种可惊可怕的神话来，说水里有河水鬼的，河水鬼是很会变化的，有时候变为很大的鱼，有时候变为很大的鳖以引诱人去捉，倘使人们去捉它，就被它拖下去淹死了。又说"日头空（即太阳）落山，河水鬼摆摊"。又说"不但池塘江河里有河水鬼，就是牛脚迹空里的水也是有的"。小孩子知识简单，一听了他们的话，以后就不敢玩水了。小孩子在家里既然不能玩，在野外又不敢去玩，所以长大起来就完全不习水性了。倘使后来在海洋里或江河里碰到什么危险，那只好束手待毙了。所以我说做父母的非但应当让小孩子在家里玩水，也应当带他们到野外去玩水，不过最好与他同玩，而且要很当心地看着他，还要有良好的设备以防不测。

原则六：小孩子玩的玩物是要"活"的，不要"死"的。

　　玩物有"活"的，有"死"的。如书坊里所卖的"活动影片"名虽叫活动，其实是死的。儿童买了来，起初很高兴，不过玩了几天就不要它了，因为它所变的花样总是那几套，一知道了，那就没有什么兴味了。又如"六面图"这种玩具，大概小孩子玩了几次就学会了，而六面图既不能变出别的花样来，小孩子对于这种图的兴趣也就消失了。

　　真正"活"的玩物不是这样的，小孩子玩了不会容易生厌的，例如皮球、积木、溜板、毽子、风筝等等物。世界各国的小孩子大概都喜欢皮球的，这是因为皮球是"活"的，小孩子拍拍它，它会跳起来；小孩子踢踢它，它会蹦起来；小

> 孩子拍得愈重，它跳得愈高；小孩子踢得愈重，它蹦得愈远。无怪小孩子都喜欢它的。
>
> 　　至于积木呢？小孩子拿来可以造桥、砌屋、建塔、筑城、做床、制桌等东西，所以小孩子也喜欢玩它的。

　　☞ "六面图"虽然是近乎"死"的玩物，但它的方块也有别的用处，如小孩子常常把它当作积木用的。至于皮球呢？我们可以概括地说：凡是皮球都是好的。皮球有大有小，有硬些的，有软些的；有橡皮做的，有牛皮做的；有用脚踢的，有用手拍的。年幼的小孩子所喜欢玩的皮球未必是年大的小孩子所喜欢的。皮球的种类既不一，我们不能详细备述，希望做父母的能照小孩子的需要选购适当的"活"皮球给他。

　　上边所举的几种玩物，不过作为例子罢了。但我们应当注意的就是要"活"的玩物，不要"死"的玩物。所谓"活"的玩物就是变化很多的，小孩子玩了不容易生厌的；所谓"死"的玩物，就是呆板的，不会变化的，小孩子一玩就要生厌的。

原则七：玩物的作用，不仅仅是博小孩子之欢心，也要使他因此得着自动的机会。

> 　　街上出卖的玩物大抵只可博得小孩子的欢心罢了。什么泥菩萨，什么纸灯笼，小孩子买了来只可以把它供在桌上，挂在墙上看看，不能充分去玩它。

　　☞ 玩物如豆囊、洋娃娃、粘土、沙泥等，不但使小孩子得着无穷快乐，也可使小孩子发生许多动作，如小孩子得了洋娃娃就抱抱他，给他穿，给他食，同他游戏。从这些动作中，小孩子得了许多快乐，许多经验，许多知识。如粘土泥沙等物，小孩子得了可以做各种玩物，做各种化装的游戏。总而言之，玩物不是给小孩子看看的，乃是要给他玩的；若是玩物不是可玩的，那这个东西就不是玩物；若玩物可以激起小孩子的动作，那这个玩物就有价值了。所以我们可以说，玩物的作用，不仅博得小孩子的欢心，也要使他发生许多动作，丰富他的经验，发展他的个性。

原则八：凡凶恶丑陋、不合卫生而有危险的玩物，一概不要给小孩子玩。

有一个十来岁的儿童，戴了一个凶恶丑陋的鬼面具跑来跑去，忽而来了一个3岁的小孩子，看见了这个鬼怪吓得大哭，后来在晚上梦中惊慌号哭。

有毛的猫、狗玩物是不卫生的。这种玩物是细菌寄托之所，发祥之地。这种玩物实在是危险得很。还有各种洋铅做的和泥做的玩物也是不合卫生的。洋铅做的玩物是有尖角利边的，小孩子玩在手里常要割出血来。泥做的玩物如泥人、泥狗、泥老虎等总是着色的，小孩子玩了，手里口里常要染着颜色和泥土。

☞ 我国的玩物，泥做的和洋铅做的很多，这种玩物虽然极便宜，但是是有危险的；就是竹做的玩物有时也不合卫生的。做父母的不可不慎选之。

原则九：小孩子应当有适当的地方以储藏他的所有物。

有一天，我替我孩子一鸣做了一个书架子。架子的下面有三个抽屉可以放玩物，架子的上面两格可以放书，最上面一格放别人的书，下面一格放他自己的书。比方他把自己的书放在别人的格子里，我就对他说："这是爸爸的。"并指着下格说：

"放在这里。"这样一来，可以养成他遵守秩序的观念。有的小孩子是没有的。他们放东西的地方是没有一定的，东也放放，西也放放，过了几日，这样东西就找不着了。宽仁有一样好的东西常常放在抽屉里，有时候放在墙洞里，有时候放在枕头的底下。到后来，这样东西不是弄糟就是不见了。

☞　小孩子有适当的地方以储藏东西，其利有三：

（一）养成他的整齐习惯。有一定地方以藏物件，那么小孩子就不会乱摊了。东西不乱摊，既整齐而雅观。这种习惯一养成以后，做父母的即使叫他摊东西而他也不会乱摊了。

（二）养成他尊重他人的权利。有些小孩子往往把父母兄弟的东西当作自己的一样，要用去拿，不要用就随便一丢。他的父母兄弟要用的时候就没有了。这是由于他们小的时候没有一定的地方以储藏他的东西。倘使有一定的储藏地方，他们就晓得人我之分，绝不会有这种行为的。有的小孩子常常把他们父母兄弟的东西移开，以放他自己的东西；有时候把自己的东西放在别人东西的上面，这种利己害人的行为，也是由于缺少教育或他自己没有一定地方以储藏他的东西的缘故。

（三）不容易弄坏东西。东西乱摊是很容易弄坏的。要一样东西能够耐久而不坏，必定要有一个适当地方好好儿去保存起来。小孩子的东西也是这样的。有一个适当的地方以储藏他的东西，要用的时候去拿来，不要用的时候去储藏起来，东西自然不容易弄坏了。一鸣的东西能够耐久，宽仁的东西不能耐久，就是一个有储藏，一个没有储藏地方的缘故。

原则十：小孩子的玩物应当合乎几种标准。

（一）好的玩物

1. 好的玩物是有变化而活动的，小孩子玩了不容易生厌。这个标准在上面已经详细说过，现在从略不赘絮烦了。

2. 好的玩物是可以引起兴致的，如小娃娃、猫、狗之类。

讨论： 在世界上恐怕没有一国小孩子不玩小娃娃的。我们中国小孩子在洋式娃娃未输入以前，或以枕头当娃娃，或以街上买来的泥人做囡囡玩。

这种模仿游戏于小孩子确有很大的益处：（1）可以培养小孩子的兴趣；（2）可以学习缝纫、洗濯之事。小孩有了一个小娃娃，做母亲的可以教他做件衣服给小娃娃穿，并且可以教他洗洗衣服。

但是现在街坊上卖的洋娃娃或者是不坚固的，一玩就弄破；或者是太贵，非普通家庭所能购买的。有一种袜子做的小娃娃，做母亲的自己可以做。她只要用一只新的袜子，塞以木棉，在面上用线做耳目口鼻等东西就是了。不但小娃娃是用袜子可以做的，就是各种动物也可以这样做的。

3. 好的玩物是可以刺激想象力和发展创造力的，如积木之类。

讨论： 普通的玩物只能供人看看，不能玩弄的。我们所要的玩物是能够刺激想象力或创造力的。积木是一种很好的玩物，小孩子可以用它来做搭桥、砌屋等等游戏。

4. 好的玩物是质料优美，构造坚固不易损坏的，如木类、橡皮类。

讨论： 普通纸做的和泥做的玩物是不经用的。用木、橡皮、松香、竹等料做的比较得好一点，而做得不坚固仍是一玩就坏的。要知购买容易弄坏的玩物是不经济的，所以做父母的购买玩物的时候，不单单须顾到玩物的质料美不美，而且也需顾到构造得坚固不坚固。

5. 好的玩物能洗濯而颜色不变，形状不丑陋，足以发舒美感的，如松香做的玩具。

讨论： 街上卖的泥老虎、泥人、鬼面具等等，都是很丑陋、很不卫生的。泥老虎稍一受湿，小孩子就沾染了一手颜色，一个不留心，颜色就要沾染食物上去。你看这是何等危险呢？

关于好的玩物，我们已经简略地说过了，现在把坏的玩物也很简单地说一说。

（二）坏的玩物

1. 坏的玩物只能使小孩子旁观而不能玩，如汽车、电车之类。这种玩物不能激发思想，而且他们的动作也是很单调的，不能支持小孩子的兴趣。

2. 坏的玩物是要发生危险的，如洋铁做的摇铃、刀等。有尖角利边的玩物不应买给小孩子玩弄，以免危险。

3. 坏的玩物是不合卫生的，如有毛的猫、狗之类。有毛的玩物只可以作微生虫寄托的地方而无可玩的价值，做父母的千万不要买这种惟妙惟肖的玩物给小孩子玩，以重卫生。

4. 坏的玩物是嘈杂声音的，如泥做的摇鼓冬等。

5. 坏的玩物是质料薄弱、颜色丑陋而不能洗濯的，如纸人、泥狗之类。

【总结】我们做父母的，不要以爱子女之心太切，而对于玩物之优劣毫不加考虑，凡小孩子看见喜欢的就买给他玩。要知道玩物是有好有坏的。好的玩物固能激发思想，启迪知识，强健身体，培养美感，但坏的玩物是要发生危险而束缚思想的。所以做父母的购买玩物的时候应慎重一些才好。

第七章

游戏就是工作，工作就是游戏

原则一：小孩子应有画图的机会。

一鸣还没有到两岁，我就给他画图的机会。我买了一盒颜色蜡笔和纸给他，叫他画画。当初他只能随便乱涂，不成什么东西，但是他非常喜欢涂鸦的。在这个当儿，我是极注意他坐的姿势和执笔的姿势的，以免他养成坏的习惯。

到了两岁零几个月，他就能画成东西了，到了现在（3岁零9个月），他能画得有点意思了，而且在不知不觉之中学会许多颜色的名字。下面的图是他画的，题目也完全是他想出来的。

☞ 画图是一件很有教育价值的游戏，小孩子既可以因此发表他的思想又可以学到许多知识。从下面一张图看来，一鸣已能简单地发表他的简单思想了。你看这图中的小孩子戴了一顶帽子，穿了一件有袋的衣服，在空野里放星鸢。图中又有天和大小乌鸦。

他不但能用图画来发表他的思想，而且他学得以下颜色的名字：（中文）红、黄、绿、蓝、白、黑、紫、橙；（英文）red, yellow, green, blue, white, black, purple, orange。

近来我利用图画去教他汉字。我把他画的图画写起字来教他，如

上面图中的几个字，就是我特意写上去教他的。我之所以教他学英文的缘故，因为小的时候学习方言比年龄大的时候来得容易。

总而言之，画图在教育上的价值很大，凡小孩子应有画图的机会。

原则二：小孩子应有看图画的机会。

一鸣自从他能够翻阅书籍的时候，就喜欢看图画。他常常从书架子上，拿了几本书，坐在地上独自翻阅，最喜欢看马或人骑马的图画，这大概是因为他时常骑假马或骑过一次真马的缘故，能够了解骑马的乐处，所以他也最喜欢看马的图画了。其次，他也喜欢看汽车等会动的东西的图画，因为他看见过汽车的缘故。到了后来，他母亲常常用图画讲故事给他听。有时在晚上未睡以前，或下雨的时候，或无所事事的时候，他独自翻翻图画书借资消遣。

☞ 小孩子欢喜看画，可以说是他们的天性，不过做教师做家长的，须好好指教他们。当着看画的时候，小孩子的联想，可是非常的敏捷。譬如他们看见了汽车，就会"呼——呼"地叫。看见了马和马车，就会"矮——矮"地喊。对于各种他们所晓得的东西，或是对于很可发笑的动物的形状，如"沐猴而冠"之类及人类古怪的形状，如大头矮身各种滑稽的态度，他们一定是最喜欢看的。然小孩子有许多画图是不十分注意的。凡小孩子没有看见过的及不容易推想的东西是不大喜欢看的。例如一鸣小的时候，在未曾看见过船之先，不十分注意关于船的图画，但后来看见过船及坐船之后，就很喜欢看船的图画了。

对于普通男女成人的照片，因为他们现在与小孩子不发生什么关系，引不起什么兴趣，所以小孩子也不十分高兴去看。对于自然界的风景，恐怕因为小孩子没有多大审美的能力，所以不欢喜看什么风景画片。对于各种建筑的图画，小孩子也不大愿意看，这恐怕是缺少经验和鉴赏能力的缘故。然而小孩子对于各种照片，尤其是他们亲属的，是非常欢喜看，而且是引为奇怪的。所以看画这件事，于小孩子实在有许多的利益包含着：一则可以提高鉴赏美术的能力，二则可以陶冶优美的情绪，三则可以养成独自消遣的习惯。各幼稚园里及家庭中，对于小孩子"看画"的动作，是不可忽视的。

原则三：小孩子应有剪图的机会。

> 一鸣还没到两岁的时候，我就给他剪图的机会。我先剪给他看，他一看见我剪也就要剪剪看。我遂让他剪。那时他不能剪出什么东西来，不过把纸头剪剪开就是了。到了3岁光景，他很喜欢把书中的图画剪下来。剪下后，用浆糊把图画贴在簿子上。此时他的手筋还没有十分发展，所以不能把图画剪得很齐很好。
>
> 不过到了3岁零9个月的时候，他就能剪得很齐整了。从前他总是剪不好的，比方他要剪一个人图下来，常把人的头剪掉了一半，或把人的脚剪去了一点。到了现在他居然能依图画的外边把图画一张一张地剪下来了。

☞ 这种剪图的动作对于小孩子有许多好处：

（一）养成独自消遣的好习惯。平常小孩子在家里没有事体做的时候，就要"吵闹"。做父母的不明了小孩子好动的心理，就不想想法子去利用他的时间以施行良好的教育，反而消极地禁止他"吵闹"。"吵闹"固然不好，须绝对禁止的，但他之所以吵闹是因为没有别的东西可以玩的缘故。做父母的不知道这一点，一味地禁止他喧哗，到了后来，小孩子就要萎靡不振而没有活泼的气象了。倘使做父母的教以剪纸、剪图，他就不会无谓地"吵闹"，而且可以独自消遣，不会缠绕别人了。

（二）练习手筋。小孩子的手筋是要练习的，虽然我们不应叫他做很精细的工作如写字、缝纫等类。但剪图不是难做的事体，况且我们并不强迫他剪得很好，他喜欢这样剪就这样剪；他能够那样剪就那样剪，完全凭他的能力，任他所欲，毫不勉强的，然而无形之中，他的手筋慢慢儿好起来了。

原则四：小孩子应有剪纸的机会。

现在有许多幼稚园里的教师，都知道教幼稚生用各种纸类裁剪各种东西的。我有一天到某师范的幼稚园里去参观，见一个女教师正在那里教幼稚生剪纸。许多幼稚生颇能剪裁各种东西，很是敏捷，而且不觉得疲乏。又，我的小孩一鸣，有一天从幼稚园里回来，在他的夹袋里，拿出一张纸来给我看，很像一只初生的小羔羊，我就问他，这个是什么？他笑嘻嘻地对我说："一只羊。"

☞ "剪纸"这件事，在我国从前的学塾里是不许小孩子去做的；即在晚近风气不开的乡曲学校里，做教师的也没有知道"剪纸"在教育上究竟有什么价值。我们大概都知道儿童是好动的，也是喜欢模仿的，所以最好教以"剪纸"的游戏。一可以使他模仿各式各样的人物，表现他的意思；二可以利用"剪纸"的动作，在无形中练习精细、忍耐、敏捷、沉静诸美德。所以这虽也是一种游戏，于教育上也是很有关系的。

原则五：小孩子应有着色的机会。

> 　　南星拿了一本国文教科书，独自静悄悄地在房间里用颜色蜡笔，把书中的图画一个一个地着起色来：把草着了青色，把天着了蓝色，把人也着了各种相当的颜色。

> 　　一鸣到了现在（3 岁 7 个月）也能着色了，不过着得不大好。但是在这里我就有机会教他了。我有时坐在他的旁边看他着色。他不会着的时候，我就告诉他怎样着；他不知道颜色名字的时候，我就教他是什么颜色。有时他独自着色。这样，他在无形中学习许多颜色的名字，也慢慢儿能够着色了。

　　☞ 着色和剪图有同样的功用，不过着色比剪图稍微难一点；但是小孩子到 3 岁半的时候，就可以开始做了。

原则六：小孩子应有穿珠的机会。

> 　　某幼稚园里的教师，时常教许多幼稚生穿各色的珠儿，许多幼稚生，对于这件工作，都觉得甚有兴味，不感觉疲乏。教师在这个当儿，便把各种颜色的变化，在无意中指导他，所以在这个幼稚园的幼稚生，对于颜色的辨别，手眼的敏捷，是比较其他小孩子优胜得多了。珠子大概分两种：木做的和玻璃做的，木做的不若玻璃做的来得好。

　　☞ 练习穿珠，虽是游戏的动作，却有教育的作用包含在内。一方面小孩子可以认识红黄蓝白各种颜色，一方面使小孩子得着快乐，借资消遣；至于练习手筋，尤其余事了。

原则七：小孩子应有锤击的机会。

　　一鸣两岁多一点的时候，我就给他一个小锤子，一块木板和许多大钉子，教他敲击钉头。他居然能够把钉头敲得牢了，不过有时候因为他的手筋尚未发展得灵敏，他敲了自己的手。这是偶一为之，我仍旧用种种方法使他喜欢敲击。

　　☞ 小孩子是好动的。锤击是一种好的运动。他很喜欢把钉头一根一根地敲在木板上，敲好之后，把钉头拔出来，他再把钉头一根一根地敲进去。这样，他就可以玩弄许多工夫。

原则八：小孩子应有浇花的机会。

　　一鸣1岁零9个月的时候，我就买了一个小喷壶给他。他起初看见别人浇花，他也要试试看，但是做得不甚好。到了3岁的时候，他就能浇得甚好。他自己也很爱护花卉，也不准别人随便摧残。

　　☞ 小孩子若没有受过教育，见花卉就任意乱采。若从小就教他爱护花卉，那长大也必爱护花卉的。这是浇花的第一好处。小孩子对于花木本是不知道的，现在若我们教他天天浇水，他就慢慢儿晓得花木一天一天地能长大起来，也晓得花木必须依赖水而生活。这种知识可从浇花动作得来。这是浇花的第二个好处。小孩子浇花的时候，我们可以教他花卉的颜色和花卉的名字以及花卉的结构。这是浇花的第三个好处。从这三种好处看来，浇花确是一种很好的动作，做父母的岂可不注意呢?

原则九:小孩子应有塑泥的机会。

一鸣有一天在厨房里拿了一点粉团来给我看,我就暗示他说:"你去做一只狗,做一只鸭,做一只鸡。"他就把粉团拿来玩,一息儿就拿来给我看,并且对我说"人"。从前在我的村中,有一个小孩子席珍,很喜欢把污泥取来,在大石上再三地摘掷,塑成数种人物的形态,而后再施以各种色彩,非常相像。

☞ 我看见有许多做母亲的,对于小孩子做"泥塑"的事情,必是绝对禁止的。以为小孩子玩污泥,一则污及身上的衣服,二则荒废读书的时间,是很不相宜的事情。然这种观念,可是错了。小孩子能泥塑各种人物,可以养成他们的创造精神,提起他们的兴趣,忘却许多恶劣的感想。他们做成一种人物,而且可以使他们运用色彩,适合于人物的各种身份,加以点缀,这大可增加他们想象的能力。所以小孩子做"泥塑"的游戏,父母不但不可禁止他们,简直非积极提倡不可呢!

原则十:小孩子应有玩沙的机会。

我今天在野外游玩,看见一群小孩子在沙滩上玩耍。大家都赤着脚,在沙上滑来滑去,或者互相拉倒在沙滩上,相与玩笑,其中比较智慧的孩子,更把沙泥堆积起来,做成小山的样子,或则在沙滩上用竹竿划成几条线痕,表示河流的状态。他们在沙滩上玩耍,非常高兴,简直连饭都不要吃了。又,我常带一鸣到乡下去散步,他看见那边筑屋用的一堆泥沙,就去玩弄,玩了好久,还不肯回去。从上看来,小孩子是喜欢以泥沙为戏的。

☞ 戏泥玩沙，是小孩子喜欢做的。我们正可利用泥沙实地去教授小孩子。从前我们给小孩子讲故事，往往没有各种实物的材料，可以加强小孩子的记忆。费烈斯（Zillie A. Faris）以为替小孩子讲解的时候，除运用黑板外，最好是利用沙台（sandtable）作讲解时的帮助。有了沙台，则教授功课或故事的时候，可以画成种种具体的形状，在小孩子的心里，格外可以得着更深刻的印象。费氏又以为沙台主要用法，就是在教授地理的时候，做教师的可以把本地的山脉河流、重要的城池，画在沙台上，实地给小孩子解说，一定可以引起他们的注意。这不独小孩子可以运用，即成人说故事的时候，也可以利用的。现在凡没有沙台的学校，简直不能算设备完全的了。惟太细的沙，是不适用的。我们普通总是用黄沙，置在台上，作种种地图，或摆出种种历史上的古迹的所在，加强小孩子的记忆。做教师的要小孩子明了沙台的作用，并不是玩弄的东西。小孩子要能自己摆出山脉河流的形势，而无需教师的指导。所以"玩沙"这件事，在游戏之中，而实含有教育上的作用的，我们万不可把它忽视过去。

【总结】上面所说的几种动作，即画图、看图、剪图、剪纸、着色、穿珠、锤击、浇花、塑泥、玩沙等等与小孩子身心之发展是有密切关系的。这些动作小孩子大概都喜欢玩的。做父母的正可以用这些动作去施行优良的教育。

我们都知道小孩子是好动的，倘若没有适当的东西可以玩，那就要吵要闹，要做出不正当的事体来。若不吵不闹，那就要萎靡不振，失却最可爱的一种活泼精神了。小孩子若有以上所说的动作机会，一方面可以独自消遣，得到很好的经验；一方面可以不致缠绕别人。于小孩子于父母都有莫大的好处，我们做父母的对于这些动作岂可不加注意呢？

第八章

小孩子为什么怕的，为什么哭的

原则一：做父母的切不可暗示小孩子使他发生惧怕。

> 有一日，黑云密布，狂风骤起，雷电交加的时候，某小孩子的母亲见之遂关闭窗户，惊慌失措，并且吓她的小孩子说："不可作声！雷公要来了！快到这里来躲着。"这小孩子看见她母亲这样惶恐，也就惊慌起来，后来一听见雷声就惧怕异常。

☞ 从遗传方面说来，有的小孩子生来怕雷电的，有的小孩子生来喜欢听雷鸣看电闪的。但我们的小孩子不怕雷电的可以说很少，推其原因，大概由于父母自己惧怕雷电的缘故。如上边所说的，因为看见他的母亲听见打雷声显出那种惊慌的样子，也就惶恐起来。倘使那位母亲在那时候一点儿不惧怕，并且显出快乐的样子，那么，这个小孩子也就喜欢听打雷声看电闪了。所以做父母的对于雷电等天然现象不要自己显出惧怕的样子，以引起小孩子的惊慌。

> 有一天，乌云聚集雷电交加的时候，我的妻子抱了一鸣（此时他有 84 个星期大了）到露台上，用手指着闪电对他说：

"你看！你看！"他就看闪电，也用手指着显出很快乐的样子，毫不惧怕。到了他两岁多点的时候，凡一打雷，我就带他出去，站在屋檐之下看看天上庄严的云彩、美丽的闪电，并指着云对他说："这里像一座山，那里像一只狗，这是狗的尾巴，那是狗的耳朵。"又指着闪电对他说："这闪电像一条带，多么好看！"因我这样对他说，他也就很快乐地看电看云。

☞ 乌云雷电本是可爱的天然现象，为什么反以为可怕呢？我们做父母的再不要用雷公要打人的迷信以恫吓小孩子，使小孩子不但不能欣赏美丽的景象，而且一见就要惊慌万分不堪自持了。

我同一鸣（1岁零10个月）在草地上游玩的时候，他看见一只大蟾蜍，就举起手来向着后退，并且喊叫说："咬！咬！"我走过去，在地上拾了一根棒头轻轻地去刺着那只蟾蜍说："蟾蜍你好吗？"后来他拿了我的棒头也去刺刺看，但是一触就缩回，仍显出怕的样子，但比当初好得多了。

☞ 我常常看见做父母的禁止他们的小孩子去玩弄动物如田鸡、蚯蚓之类。其实这种动物是不会伤人的，小孩子同它们玩就晓得它们的生活状况。所以，我们不但不应该禁止小孩子去玩它们，而且不要暗示小孩子使他对于动物发生惧怕。上边所举的，是暗示小孩子不怕动物的一个好方法。

有一天，我带一鸣（1岁零3个月）到东大附小去看小学生做戏。做戏的小学生们共有300多人，戏做得很好，观戏的人大家都鼓掌。在这个当儿，小孩子应当发生惧怕。但我一抱一鸣进门，就笑嘻嘻地对他说："你看这里许多小孩子。"后来看见小孩子要鼓掌的时候，我就对他说："我们也来拍掌。"他一听见小孩子拍掌，也就欢欢喜喜地鼓起掌来。

☞ 小孩子看见这许多人大概要惊慌,不过我预先同他说明并且一看见这些小孩子们,我就笑嘻嘻地叫他注意,后来我看见小孩子要齐声鼓掌的时候,就立刻叫他先拍掌,使他看见别人鼓掌就不致惊吓了。

【总结】小孩子的许多惧怕,大部分是由父母的暗示养成的。做父母的自己怕这样,怕那样,哪里还希望他们的小孩胆大呢。小孩子固是很容易受人暗示的。惧怕性的暗示可以使小孩子发生惧怕;但反惧怕性的暗示可以使小孩子打消惧怕。所以我们做父母的应当慎重我们自己的行为和言语,使我们的小孩子不至于胆小如鼠的样子。

原则二:小孩子的惧怕有时要迁移的,所以我们做父母的要格外当心,使小孩子不致发生惧怕。

> 一鸣到了1岁零3个月的时候,他母亲用黑墨涂在乳头上,要断他的奶;他看了黑乳头,就不要吃奶了。后来给他吃素来所喜欢吃的葡萄饼干,他看见里面有黑的葡萄就怕,也不要吃,但把葡萄取出,他就要吃了。过了几天,给他一块黑糖,他看见是黑的,就不要吃。又过了一个星期,他看见桂圆的黑核就有点害怕。

> 有一个两岁的小孩子本来不怕猫、狗等动物的。有一日,他父亲带他去探望他的姨妈,不料一进墙门,有一只凶狗,飞也似的跑出来对着他们汪汪地狂叫。这个小孩子就吓得大哭。后来他一见狗就怕,即看见猫也有点怕了。

☞ 小孩子的惧怕是要迁移的。假使不会迁移,那小孩子对于某物或某事,不致牵连到别物或别事了,而他所怕的事物就少了。但事实不是如此的。小孩子怕这只马也怕那只马的,不但怕那只马而且也要怕同马类似的动物如驴、牛的。所以做父母的要格外当心使小孩子不致发生惧怕。

原则三：不要以"父亲"的名义来恐吓小孩子。

　　有许多做母亲的因为要禁止小孩子不要做某一件事，就以父亲的名义来恐吓他。如小孩子玩弄碗碟杯盘等东西，做母亲的恐怕他弄破打碎，就吓他说："爸爸来了！快些放下来！"有时候因为小孩子不肯穿衣服穿鞋子，有时候因为小孩子吃饭要吵，就对他说："爸爸来打了！"小孩子恐怕父亲来打骂他，只好惟母命是从了。还有许多做母亲的因为要强迫小孩子做这件事或那件事，也常常以父亲的名义来恐吓他。如叫小孩子拾一样东西，小孩子不高兴去拾，那做母亲的就吓他说："你爸爸来了！"又如小孩子不肯到幼稚园里去，做母亲的因为要强迫他去，也常常以这种方法来对待他。其他诸例，实更仆难数，只好略而不举了。以这种方法对待小孩子是很不对的。小孩子虽然不敢做，或不得已去做，但是他心里是很不高兴的。所以做母亲的最好使得小孩子高兴去做，而且要使得小孩子明了做这件事的缘故。一鸣有一天，因为天气很冷，不愿意穿大衣。我对他说："你要像你邻舍小朋友穿得一样好看。"他不肯。后来我对他说："我替你穿衣服，穿好了，你就像一个将军了。"他就穿了。他平日很喜欢看兵和学兵的，尤其喜欢学做将军的，所以今天我利用这种心理去达到帮他穿大衣的目的，否则他必定不肯穿了。如果你逼他穿，就违反他的意愿了。又有一天，我们到外边去举行野外聚餐的时候，他要别人抱了去。后来他母亲对他说："你是个勇敢的小孩子。"他听见这种话，就高兴地自己走了。我有一次给他一个泥塑的狮子，他拿了去就在石板上敲敲。我对他说："这个狮子是泥做的，很容易弄破，你不要去敲它。"他就听我的话立刻不敲了。

　　☞ 做母亲的以父亲的名义去吓小孩子的缘故，是因为小孩子一听见了父亲，恐怕父亲去打他或骂他，就不敢做这件事或不得不做这件事了。倘使去劝告小孩子，或以自己的名义去禁止小孩子，那小孩子未必肯听。做母亲的因为小孩子以恐慌而支配他的动作来得容易，所以就用这种方法来对待他。其实，这种方法是很不对的。小孩子因为害怕而不敢做或不得不做，但是他的心里是很不高兴的，而且以后对他父亲真如小鬼对阎罗王一般，父子间的感情就从此没有了。所以以父亲的名义去吓小孩子，简直可以说是离间他们父子，是很不应当的。做母亲的应当以劝告或鼓励的方法对待小孩子，使他高兴去做。如一鸣有一天，在吃饭间画图画。画好了有许多碎纸丢在地上，我就叫他拾起来，他不回答也不去拾。后来他母亲对他说："一鸣，你拾起来，爸爸给你一个金星。"他就拾了。我们新近有一种鼓励的方法，就是一天之中，做事做得好，我们给他一个金星；做得不好就没有。并且把他所得的金星，贴在一本簿子上，使他可以时常看看。将来年纪大的时候，就可以当作日记簿以养成时间的观念，而且鼓励他做好的事情。这种用金星来鼓励儿童是教育家用得很有成效的。所以我希望做母亲的也应当以这种方法来鼓励小孩子，不要以父亲的名义去恐吓他。

原则四：小孩子发生惊慌时，须慎防其他大的声响，以免增加他的惊慌。

　　一鸣（那时1岁零9个月）有一天不愿意洗澡，我们勉强他洗了一个澡，因此他哭得很厉害。洗好了，他母亲抱他出去，不料被门口一壶热水绊了一跤，就不觉大声喊了起来，一鸣虽然没有受伤，不过也大哭起来。那时候，有人在客堂里加炉煤，他听见加煤的声音就格外惊骇。

　　☞ 声音是最容易引起小孩子的惧怕的，平常快乐的时候，骤然发生的声音能使小孩子胆怯，况小孩子正在受惊的时候而听见外来的声音呢？所以小孩子受惊的时候，我们一方面要把那时候所有的响声暂时停止，一方面要叫人静默不作别的声音；否则，他就要格外惊慌了。

原则五：小孩子常常哭泣是不好的，我们应当设法把它免除才好。

　　有许多小孩子醒来的时候是不哭的，如我的女儿秀霞是；但是有许多是要哭的，如一鸣是。一鸣有一天早晨，醒来就大哭，我去抱他，他不要；他的祖母去抱他，他也不要；后来他母亲来了，一抱了他，他就不哭了。这种哭是因为醒来拣人吃奶的缘故。所以他母亲一去抱他，他就不哭了。至于普遍醒来哭的原因，大概是因为没有人在他旁边的缘故。做母亲的应当在他将醒的时候，在旁边看着。等他一醒来就去招呼他，并且同他说几句亲爱的话，那他就不会哭了。

　　小孩子下身湿的时候，也是要哭的。做母亲的看见他尿和屎撒出了，就立刻将他的尿布换去。所以当小孩子哭的时候，就应当查看他的下身湿不湿。

　　换尿布的时候，大多数小孩子是要哭的。我们未换以前或正换的时候，应当把美丽的玩物给他玩，使他忘记换尿布的事情。

　　小孩子冷热过度或肚里饥渴的时候是要哭的。一鸣小的时候，要吃就哭，倘使给他吃，他就不哭了。所以做母亲的须常常留心这种地方。冷则加衣，热则脱去；渴则饮之，饥则食之。这样一来，他就不会哭了。不过我们不要随便随时喂他，使他饮食没有节制，没有定时。

疲乏的时候，他要哭的。我们当他哭的时候就唱催眠儿歌给他听使他睡去；倘使他因为坐得疲倦，那么我们抱他玩玩；倘使他睡得太久，那么去扶他坐坐。一鸣出生后，在摇篮里睡着要人抱他的时候，他只能哭哭而且手足乱敲乱踢。到了第9个月的时候，若没有人去抱他，他仍旧在小床上哭，不过一看见人来，就伸手向他，表示要抱的意思，此地可以证明小孩子在床上睡得太多的时候是要哭的。总之，做父母的随机而行就是了。

小孩子在家里住得太气闷的时候，也是要哭的。倘使为了这个缘故，我们就立刻抱他到门外或旷野里去玩玩。如一鸣有一天在房里不住地哭着，我们也莫名其妙，后来我不得已抱他到外面去，他就不哭了。

小孩子若忽然受了惊慌也是要哭的，如看见一匹很大的马或一只很凶猛的狗，就要大哭起来。做父母的最好预先将这种马或狗赶开，不要使他惊慌；如果他已经受惊而哭了，那应当去安慰他。也有许多小孩子看见陌生人是要哭的。一鸣有一天看见一位陌生的客人，就低着头偷着眼看，看了一歇，就放声大哭。做父母的在这个当儿应当预先将这位陌生的客人介绍给他，并对他说："诺！诺！某先生来了。"如果不是来客而是路人，也应当用种种方法使他不要惊慌。

☞ 哭是痛苦的一种表示。不论大人小孩决不会无故而哭的。当小孩子哭的时候，做父母的就应该去推求他哭的原因和止哭的方法。饥则为之食，寒则为之衣，疲乏劳苦则使之愉快，总之小孩子哭的原因不一，做父母的止哭的方法亦随机而变罢了。倘能阻患于未然，弭哭于未形，那就好了。常有许多做父母的不知道推求小孩子哭的原因，一听见他哭就去抱他摇他。小孩子觉得抱摇的舒服，以后就常要人抱摇。那时候，做母亲的就要吃苦了。

原则六：小孩子疲倦了是要哭的，或是容易发脾气的。

> 小孩子当疲倦的时候，常常要吵的。一鸣有一天傍晚的时候，尽管吵而且哭，我给他许多玩具，他不要；后来我去抱他，他就不哭了。这种吵和哭，是因为他疲倦的缘故。

> 小孩子疲倦的时候，即使不吵，也不高兴做事情的。静波4岁的时候，他终日要卧在床上，有好的东西给他玩玩，或好的图画给他看看，他都推开不要。静波的性情是很驯良的，所以他不吵也不哭，但是他就不高兴去做事情了。

> 小孩子生病的时候，也是常常要哭的，而且很容易发怒，有时候还要发生恐慌。爱菊病的时候，时时要哭，看见陌生人，或听到重的声音，她的头就钻在她母亲的怀里，不敢朝外面看，倘使硬要她看，她就要哭起来了。一鸣自生后第41个星期的时候，有一天，他生病了，时时要哭，不欢喜玩耍各种玩物。后来他病一减轻就要玩了。

☞ 大凡一个小孩子决不会无故而哭而吵，而不要东西的。等到他要哭要吵，而且不喜欢做事情，那么他必定有什么缘故了。所以做父母的遇到这个时候，就应当很细心地去体察他。他的身体疲倦呢，还是他有病呢？如果他疲倦，那么应当立刻去抱他；倘使他身体生病，那么应当立刻去看医生。总而言之，做父母的应当用种种方法以除去小孩子不舒服的原因。有许多做父母的，不明白小孩子哭的原因，一看见小孩子哭，不是去吓他，就是去骂他，有时候骂得不够，还要去打他。可怜的小孩子身体既不舒服而又受他父母的打骂，这当不是很冤枉的一桩事吗？成人身体不舒服，还可以诉诉苦；形同哑子的小孩子，哪里会说话呢？除掉以哭或吵来表示苦楚以外，就没有别的方法了。所以哭或吵有时是小孩子身体疲倦或有病的表示，做父母的看见小孩子这种情形应当很要注意他的。

原则七：小孩子以哭来要挟的时候，做父母的应当绝对地拒绝他。

有许多小孩子要东西的时候，常常以哭来表示。做父母的因为他哭，所以就去拿来给他。从此以后，他要东西，嘴里不说要，竟以哭来要挟了。又有许多小孩子因为"所求不遂"就以哭泣来要挟他的父母。一个小孩子看见他母亲盛了一碗鸡蛋去请客，他要求他母亲给他。他母亲给他一个，他不肯，一定要完全给他。他母亲不答应，他就在客人面前大哭起来了。后来客人不好意思只好不吃。小孩子这种脾气是由他父母平时纵容形成的。倘使小孩子平时以哭来要挟的时候，他父母就去拒绝他，那他今日恐怕也不会有这种样子了。我们一鸣有时候也是以哭来要挟的。有一天，我同他玩秋千。后来我们要吃饭了，我就对他说："要吃饭了，饭吃了以后再玩。"他一定不肯，始则求我，求之不得，继之以哭，哭得不够就躺在秋千架上撒野了。又有一天，在吃饭以前，他要吃糖，他祖母去拿了一颗来给他。我不答应，不许他吃，他就躺在地上大哭。我们也不去睬他，他要哭就让他去哭，他要撒蛮就让他去撒蛮。后来他无法可施，只得不哭了。

☞ 小孩子对于环境的动作，常常有许多变化。做父母的切不可一一去允许他。可以允许的，就允许他；如不可以的，那就应当毅然拒绝他。如果不论可否一听见小孩子哭，就立刻去应许他，那他以后就要以哭为惯技了。做父母的未尝不恨小孩子以哭来要挟的行为，因为哭声刺耳，实在难过，所以不得已去屈从他的要求。其实小孩子哭哭是不要紧的。他"一哭不遂"，以后就不会再哭了。以哭来要挟是小孩子的惯技，非但不雅观，而且是不好的习惯，所以做父母的应当毅然拒绝他。

原则八：当小孩子不高兴的时候，做父母的不应当去暗示他哭。

有许多做父母的一看见小孩子轻轻地跌了一跤，就很慌忙地跑过去对他说："啊哟！我的团团可怜呀！跌死了！"小孩子本来是不哭的，也没有什么痛的，因为他父母这样说，就引起他的悲感，放声大哭起来了。我们对待一鸣不是这样的。他有一天玩弄他的一辆三轮小车的时候，偶不经心，车子倒了，他就跌倒了。我们并没有对他说什么，他也慢慢地爬起来说："汽车倒翻哉。"过了一天，他又连车跌倒了，他爬起来也一点不哭。

☞ 小孩子跌倒，要让他自己爬起来，不要去引他哭。若是他跌得并不厉害，我们就叫他自己起来，对他说："很好，很好。""起来，不要紧，不要紧。"倘使他跌得厉害，我们也只要说："不要紧。"回去替他洗洗敷点药就完事了，何必大惊小怪，使他也恐慌起来呢？一鸣从小受了这种教育，所以他跌一跤，非但不哭，而且自己爬起来说许多发笑的话。至于小孩子不慎打破东西的时候，做父母的也不应当去责骂他使他哭。因为小孩子在这个当儿，自己本来已经觉得不好意思要哭的，倘使做父母的因此而去骂他，那就会引起他的悲感，不哭也哭了。我常看见有许多小孩子本来是不时常哭的，因为父母常常去逼他哭或暗示他哭，以后就常常要哭了。小孩子常哭，不仅使闻者生厌，就是于小孩子的身心都有妨害的，那做父母的何苦常常去引诱他哭呢？

【总结】小孩子忽而笑忽而哭,是很容易感受外界刺激的。我们做父母的需要支配他的环境,使他所接触的环境,都可增加他的快乐,而减少他的痛苦。物质环境中除了饮食之外能够使他快乐的恐怕要算音乐了,音乐能陶冶性情,增进快乐,实为家庭中最不可缺少之物。

至于小孩子的胆大不大,勇敢不勇敢,大概要看做父母的是怎样教的。做父母的自己怕这样,怕那样,哪里能望小孩子勇敢呢?若要小孩子胆大,一方面做父母的要以身作则,一方面要施行良好教育,以打消小孩子已有的惧怕和避免未来的惊吓。

第九章

做父母的要以身作则

原则一：做父母的待子女要公平。

云天有两个儿子，一个叫做大郎，一个叫做小郎。大郎容貌美丽，好像玫瑰花儿一样；小郎面目瘦黄，没有像大郎的秀丽。云天和他的夫人因为大郎好看，小郎难看，所以很爱大郎而憎小郎。有好的食物，他们俩总给大郎多一点，小郎少一点；有好的衣服，他们俩总给大郎穿而不给小郎穿，以为小郎面貌瘦黄，穿起美丽的衣服来是不相称的。小郎一方面恨他的父母，一方面妒他的哥哥，而他的哥哥因为他妒忌他，所以也非常恨他。因此渐渐儿父子如路人，兄弟如仇敌，家庭里吵嘴打架，没有三天会安静的。

还有一个农夫，因为大儿子资质聪明，会读书，所以喜欢他；小儿子资质鲁钝，不会读书，就不喜欢他。大儿子恃宠，小儿子失宠，所以兄弟间常常有吵嘴打架的事情。有时候明明大儿子过分，而他的父母竟说他好；小儿子明明吃他哥哥的亏，而父母竟说他不好，有时候还要打骂他。小儿子既然受了这种不平的待遇，愈加怨父母而恨哥哥了。近来我听见这个小孩子已经脱离家庭，不知跑到哪里去了。

邻人某，有四个儿子。他自己总爱他的大儿子，但他妻子爱小儿子。

☞ "人之爱子，罕亦能均，自古及今，此弊多矣。"推原父母偏爱偏憎子女的缘故，概由于容貌与资质的关系。大抵容貌妍者，父母爱之；容貌媸者，父母恶之；资质灵敏者，父母宠之；资质愚鲁者，父母憎之。因爱憎的缘故就生出不平的待遇来了。须知子女既同出自己，待遇自应当公平，贤俊者固可赏爱，顽鲁者亦当矜怜，断不能以面貌的妍媸，资质的敏钝，就分出爱憎来，就做出不平的待遇来。我们常常看见做父母的偏爱子女，适足以害子女。所以做父母的，真正爱子女，不应当偏爱子女，不应当偏憎子女，须以公平正直的手段对待子女。

原则二：对于教育小孩子，做父母的应当在小孩子面前取同一态度。

小孩子不应当多吃肉，但是做母亲的往往不明了这一点，以为小孩子多吃肉身体多强健。有一天，有一位父亲看见他3岁的小孩子喜欢吃肉而且吃得很多，就对他妻子说："小孩子不宜多吃肉，因为肉多脂肪和蛋白质，小孩子胃力弱，不容易消化的，以后请你不要给他多吃。"他妻子听了这些话，极不以为然，而且对她丈夫说："什么脂肪不脂肪，小孩子吃肉是顶好的事体，不吃肉，哪里会壮起来？"她一面说一面再拿肉来给她小孩子吃。她丈夫看得眼里出火，就跑过去把小孩子所吃的肉夺去。小孩子因此就大哭起来，而他的妻子也狠狠地骂起来了。

☞ 小孩子固然不宜多吃肉，但是做父亲的不宜在小孩子面前对他妻子说这些话，后来他妻子拿肉给小孩子吃，他尤不应当狠狠地跑过去夺肉。而他妻子的行为尤未见得对，她既不知道肉的性质如何，又不管小孩的胃力如何，只一味溺爱她的小孩了，把肉给他吃；后来她丈夫把肉夺去了，她又骂起来，这种行为实在坏了。要知道小孩子知识薄弱，以父母之言为言，以父母之意为意；现在你们俩自己意见不对，互相吵嘴，那就使小孩子"无所适从"了。吃吧，就得罪了父亲，不吃吧，那就得罪了母亲；小孩子在这个当儿，真所谓"处于两大之间，难以为人"了。做父母的教训子女，不能使子女有所适从，这就算不得教育了。那做父母的在这个时候应当怎样呢？做父亲的看见他小孩子已经吃肉了，就不要去说他，等小孩子吃好出去的时候，再好好对他妻子说以后不要多把肉给他吃；做母亲的既然听了她丈夫的话，就应当好好劝小孩子不要多吃。这样一来，小孩子就能够听他们的话了。须知在小孩子面前，做父母的意见不合，不仅使小孩子无所适从，而且会引起他轻视父母之心，所以对于教育小孩子，做父母的不应当在小孩子面前取不统一的态度。

原则三：做父母的对待子女应当有相当的礼貌。

　　叶逊有一天，对他儿子说："你到你小婶家里去把一张八仙桌背来！"说的时候真是声色俱厉，好像专制时代的主人们对待他们的奴隶一样。他的儿子因为迫于父命不敢不去，但是他的心里是很不高兴的。所以一路走一路叽里咕噜地念着，一直念到他婶娘的家里。后来被他婶娘听见了，她很奇怪地问他："你骂谁？为什么好好儿去骂别人家呢？"他就将他父亲的话说给她听，并且说："叫我背桌子叫背就是了，何必凶巴巴地骂我呢？"他婶娘竭力地安慰他一番，而且劝他不要生气。后来他将这张桌子背回家去，他父亲仍旧很严厉地对他说："背到楼上去！"可怜这个儿子只好将桌子背到楼上去，但是已经"泣不可仰"了。

　　☞ 我们有的旧家庭的父母，以为做父母的必定要使得子女畏敬自己；要子女畏我敬我，就必定要很严厉地对待子女；要很严厉地对待子女，就不应当以礼貌来待他们了。所以"父严子孝，法乎天也"这两句话，在旧家庭里差不多成为天经地义万古不能更改的信条。其实他们的观念是不对的。做父母的要使得子女畏敬，并不是以严厉而能够得到的，需要在行为上举动上处处能够使做子女的佩服你、尊敬你，那么做子女的就不约而同地会畏敬你了。倘使做父母的行为乖张，举止轻狂，实在足以引起做子女的轻视之心，那么即使你天天打他们，骂他们，他们也不会畏敬你的。不要说父子如此，就是以前专制时代的君臣也是这样的。你看商朝的纣王待臣下何等严厉，比干去谏他，就剖比干的腹挖心；周朝的厉王待百姓何等专制，国人毁谤他，就派人去监察他们；还有秦朝的始皇帝对待博士何等刻毒，因为博士要说他的坏话，就把好几百个博士，活活葬杀。对待臣下、百姓、博士，真正严到极点了。"顺我者生，逆我者死"，"生杀予夺之权，尽操诸己"，有这样威权，宜乎他们可以高枕而无忧了。料不到没有几年工夫，他们不是被臣下烧死，就是被百姓放逐，不是身遭其灾，就是子罹其殃；一家流血，万众快心。皇帝具无上威权，尚且如此，何况父母想在家庭里用高压的手段以对待子女呢？倘使做子女的能够恭恭敬敬地待父母，而父母也答以相当的礼貌，那么家庭间就生出许多乐趣，不特做子女的觉得快乐，就是做父母的也要觉得快乐了。但是有许多顽固的父母对待子女好像对待奴隶，而反自诩为"家规重"，岂不是自寻烦恼吗？

原则四：要打破一个坏习惯的时候，留心不要养成一个新的坏习惯。

一鸣小的时候有一种坏习惯，就是要点着灯睡。这种习惯的起源，以前已经讲过，此地不再细说了。在一鸣两岁零4个月的时候，一天晚上，我们决计要把这种习惯打破，所以我们把他放在床上，熄了灯，叫他独自睡去，他不愿意就哭。大约哭了5分钟的时候，后来他要他母亲抱，他母亲因为他哭得可怜，所以就去抱他，抱了一歇他就睡熟了。

☞ 点着灯睡固然是一种坏习惯，但是抱了睡也不是一种好习惯，做父母的对于这两种坏习惯，都应当打破的。但是一鸣的母亲一时没有想到这种道理，不忍他在黑暗里啼哭竟过去抱他，去了点灯而睡的行为，而又来了抱着睡的习惯，岂不是以恶代恶吗？要知道无论什么坏事，小孩子都不应当做的，做父母的一发现小孩子有不好的行为，就应当竭力去铲除它，改正它，教训他的，断不可以别的坏行为而去代替他这种坏习惯。倘使以恶代恶，那和不代有什么两样呢？有许多做父母的也明明知道他们小孩子的坏习惯不可以长的，应当去打破它的，不应当以恶代恶的，但是他们因为疼爱小孩子的缘故，所以以坏行为而去代替小孩子的坏习惯了。语云："除恶务尽。"无论什么人的恶，都应当除去的。小孩子年龄幼稚，恶尤不可以不除。倘使因为要除去他的恶而以恶来代替它，那么去一旧恶来一新恶，除与不除相等了。这种教育是不对的，这种以恶代恶之弊，做父母的是容易犯的，所以我请做父母的大家留心点吧。

原则五：做母亲的不可叫小孩子打骂他的父亲以取乐，做父亲的也不可那样。

　　　有许多做母亲的，当抱着小孩子玩的时候，看见她丈夫走近来，就笑嘻嘻地对着小孩子说："打他一下！骂他一句！"小孩子一听见他母亲的话，就伸手去打他父亲的巴掌，而且嘴里不住地骂着。他的父亲因为爱他的缘故，脸上很情愿受他的打，耳里很高兴听他的骂，虽嘴里说出很严厉的话去禁止他，然心里已经觉得乐不可支了。有时候笑眯眯地叫小孩子打骂他的夫人，而小孩子也同样的打骂他的母亲。

☞　夫妻间以嬉戏为乐固无不可，但叫小孩子以打骂他的父母为乐，则断断不可。小孩子起初哪里敢打骂父母呢？但做母亲的叫他打骂他的父亲，做父亲的叫他打骂他的母亲，他就大着胆打骂他的父母。始则玩玩，继则真敢打骂父母了。我常看见七八岁大的小孩子还常常骂他的父母，打他的父母；倘使父母打他或骂他，他就立刻报以恶声，父母的教训不行，而家庭就发生许多困难问题。虽其故不一，然他小的时候做父母的叫他打骂以取乐，也是一个缘故。我们绍兴地方有句俗语说："三岁打娘，娘发笑，廿（二十）岁打娘，娘上吊。"做父母的哪可教小孩子打骂父母呢？

原则六：切不可欺骗小孩子。

　　我常看见有许多做母亲的，有事情到亲戚家里去或到街上去买东西，因为恐怕小孩子同去，临行的时候，就对小孩子说："你在家里不要吵，我去买饼来给你吃。"她出门以后，过了许多许多时候，还没有回来，小孩子等得着急就大哭起来了。等到傍晚做母亲的回来，小孩子就向她讨饼吃。她骗他说："啊哟！我忘记了！下次出去的时候再替你买吧。"小孩子没有法子只好不响。后来她出去仍旧以这种方法去骗小孩子。如是一而再，再而三，小孩子就知道他母亲骗他了。

　　☞ 做母亲的有事情出去可以带他同去就带他去，如果不便带他去，就应该好好劝他在家里，不应当来骗他。既然答许他买饼，那么回来的时候就应当买饼来给他吃。何以用这种卑劣的手段使他失望呢？要知道这样做法，偶然一次小孩子方面或者还可以瞒得过去，如果常常如此，那么一定要露出"马脚骨"来。倘使被小孩子看穿，那小孩子以后就不肯听你的话了，即使你不去骗他，好好儿去教训他，他也一定以为你骗他了。有许多小孩子不肯听父母的话，常常同父母相闹，虽其原因不一，我想对于这层也不无关系的。

> 有一天将要吃饭的时候，一鸣要糖吃，不允许他。他祖母被他缠绕不过，就去拿了一颗放在盘上，而且对他说："糖没有了，只有一颗了。"我因为吃饭以前吃糖是不好的，所以阻止我母亲不要给他。他没有糖吃就大哭了。

☞ 糖是可以给小孩子吃的，那么我们就给他吃；如果不可以给他吃的，何苦对他说谎呢？一鸣是明明知道有许多糖的，倘使他吃了一颗又要吃，那么怎么样呢？再给他吗？吃饭以前吃糖，他就不要吃饭了。小孩子吃糖而不吃饭是不好的。不给他呢？他吃着糖的滋味哪里肯歇呢？我早已知道这个缘故，所以我不给他的。如果他吃了一颗居然不再要了，固然是很好的；但是他的心里仍旧知道是骗他的。一方面他以后对他祖母的话要失去信任，一方面他以后就用这种欺骗方法去对待别人了。所以，以这种"讳有为无"的话去骗小孩子是很不对的。

> 今天下午一鸣看见他堂兄拿了一个很精致的皮球在地上拍，就向他要。他堂兄当皮球向上弹起来的时候，立刻把这个球一把捏住，将手臂向上一伸，把这个球溜在袖子里，而且对他说："诺！诺！这个球飞到天里去了！"一鸣信以为真，仰着头向天看了许多时候，并且显出很奇怪的样子。

☞ 小小一只球给他玩玩是不要紧的，不给他玩也罢了，为什么再去骗他呢？这种"把戏"现在因知识尚未充足竟被骗过，到了年纪稍大一些，就能看得穿了。

> 有一天有一位朋友在火炉旁边烤火的时候，一鸣去拿了许多美丽的纸和瓶叫他都丢到炉里去烧。这位朋友嘴里虽然应着，但是他的心里很可惜这种东西。所以他对一鸣说："你听着，我叫'三'的时候，就将这种东西都丢到火中去。"

说毕，嘴里"一，二，三"地叫起来。叫到"三"的时候，他将这种东西向后一丢都丢到他自己的衣襟上，并且对一鸣说："你看见了吗？在火里面烧着了。"一鸣看见别的火光以为就是这种东西的火光，所以"ng ng"地答应着，而且显出很快活的样子。

☞ 以这种方法去骗小孩子也是不对的。你手法敏捷，他没有看穿你的把戏，固然是很好。倘使不幸而露出破绽来，小孩子就要不信任你了。你如果可惜这种东西，不忍去烧毁它，那么你应当劝告他，叫他不要烧。倘使他不听你的话，那就应当换别的同样的旧东西替他去烧。因为小孩子也知道烧毁好的东西，是可惜的；但是他爱物的心理敌不过烧物的好看，所以他拿这种东西来烧。如果你去骗他，一方面失去很好的东西，一方面又见不到在火里烧的样子，必定要大大失望的。他现在误认火光，以为纸光，误认为煤是瓶，使他观念不准，思想糊涂，影响于知识上是很重大的。所以我们不应当去骗他，应当换相同不好的东西去烧，使他一则能够爱物，二则能够得到一点物质可以焚毁的知识。

原则七：做母亲的不应当背着丈夫去宠爱她的小孩子。

有一天早晨，一个 7 岁的学童看见天下雨了，不愿意上学去，就对他的母亲说："妈妈，我今天不去，就在家里温温罢了。"不料这话被他父亲听见了，他父亲就走过来对他说："下雨没有什么要紧，去好！"说后，就出去办事去了。小孩子看见他父亲出去，立刻再对他母亲说："妈妈，我不去。"他母亲对他说："你不去，我是可以的，不过你要当心你爸爸回来。"小孩子这天就不去，在家里鬼鬼祟祟地玩了一天。到了晚间，他父亲回来了，就问起他这天的功课，他就模模糊糊地瞎说一番；他母亲也低着头做活计一声不响。

☞ 天下雨，小孩子不到学堂里，也未尝不可以的，不过他父亲既然叫他去，那他应当要去的。他母亲不应当说"你不去，我是可以的，不过你要当心你爸爸回来"这种话，尤不应当一声不响任她的小孩子在她丈夫面前说谎话，做母亲的以这种方法教育她的子女，简直是堕落她的子女。

原则八：小孩子作伪是由父母养成的。

一日下午知行的母亲正在楼上与他讲故事的时候，听见楼下有人叩门，就轻轻地对他说："知行你下去看看，若叩门的是某某夫人，你即对他说妈妈不在家，若他问妈妈几时回来，你说不晓得。"知行受了教下楼去，照样回答客人，而客人也不坐去了。

又有一日，知行的母亲在客厅里接待客人，接待得非常殷勤，请客人上坐，请客人用茶，并极力恭维客人，说客人这样短，那样长，说得天花乱坠。客人辞别时，又再三挽留。一等客人出门后，就在知行面前举了臂，白了眼，仰了头，张了口，长叹一声："讨厌呀！讨厌呀！"

☞ 从第一个例子看来，知行的母亲分明教他作伪；从第二个例子看来，知行的母亲分明暗示他作伪。知行受这种教育，这种暗示，当然也要作伪了。常有做母亲的既教她的小孩子作伪，还要说她的小孩子乖巧可爱，这真是何等痛心！所以要小孩子诚实，做父母的自己先要诚实，自己不诚实，小孩子断断不会诚实的。

第十章

小孩子怎样学习待人接物的

原则一：教小孩子要从小教起的。

> 19 世纪初的时候，在德国乡下有一位教师，名字叫做佛戴（Karl Witte）。他目击当时社会上之种种罪恶，大有感触，以为那些作恶、犯罪的人都是小时没有得到良好教育的缘故。但是这个意思非有确实证据不能见信于人的，所以他决定去试验他自己的儿子。在 1800 年，他得了一个儿子名字也叫做"Karl Witte"，他就殚精竭虑去教育他的儿子。他常常带领他儿子去旅行，凡他儿子所未曾见过而应当知道的，他就详详细细地教他。这样，他儿子的知识逐渐丰富了，他的美感逐渐发展了。对于方言，他尤其注意，以为言语是发展思想之利器，所以他就教他儿子从小学国语及其他五国的方言。
>
> 这个小孩子到了 9 岁，就进大学读书了。到了 14 岁得哲学博士学位（Ph. D.），16 岁得法律博士学位，同年受柏林大学之聘，从事教授，享寿 83 岁，以解释阐扬意大利诗人但丁（Dante）之学说闻于世。

☞ 幼稚期人称为"可塑期"或"可教期"，盖因为在这个时期，小孩子学东西学得很快。你看一个非常柔弱无能的婴儿，不到 3 岁就会跑会跳，弄棒弄棍；不到 6 岁就把一乡的方言学得极其娴熟。

不但对于动作言语，小孩子在这个时候很容易学会的，就是对于各种常识也是容易吸收的，各种美感美德也是容易养成的。

所以佛戴得着这样的成绩，是没有什么十分的稀奇。若佛戴没有受到他父亲的一番教育，恐怕到后来也不过一个平常无闻的人罢了。

因而我们做父母的一定要好好儿教我们的小孩子。若养而不教，不如不养好得多了。

> 文德是一个独生子，他的父母非常宠爱他。在方出世的头两个月里他一哭，他的母亲就抱起来喂他，若抱了还是要哭，就摇摇他。到了三四个月大的时候，他的母亲常要半夜三更起来抱了他在地板上走来走去摇他。
>
> 年纪稍大一点的时候，他要什么就给他什么。比方吃饭一事而论，他同父母等同吃的。他看见桌上好吃的菜蔬，必定要摆在他的面前；若不放在他面前，他要撒娇。从此，习以为常，桀骜难驯了。到了后来，这个小孩子养成了种种坏习惯，不可收拾了。这都是由父母溺爱所致。

☞ 小孩子生来虽有强弱智愚之别，然大抵都是活泼可爱的。文德本是一个很好的小孩子，若无他母亲的溺爱，恐怕他能够变成一个有用的人才，不至于桀骜难驯，不可收拾的。

小孩子在出世后几个月里若哭了，做母亲的只要看他是否舒服，如尿布湿了或太热或太冷等等。若这些身体上的事体，都是很适意的，那他恐怕因为要吃而哭的，但是吃须有时候的，不应因为他饿了、哭了，就给他吃。若是如此，那就要养成食无定时的坏习惯了。文德的母亲不但一见文德哭了就去喂他，而且还要抱起来摇他。摇的这个动作小孩子固然喜欢的，所以你摇他，他就不哭了。不过以后他要你常常摇他了。

后来文德要什么，他母亲就给他什么，这是更加不对了。小孩子生来专顾自己，我们哪里可以事事遂其所欲呢。

的教育。对于这种人，我们非用尽九牛二虎之力是不能改造他们的。不过对于如花含苞、如草初萌的小孩子，我们应当用很好的教育方法去教育他，使他们关于体德智三育都从小好好儿学起，那么老大的中国，未尝不可以一变而为少年的国家？不过少年中国的责任，固属诸今日之儿童，而造成少年中国的责任则属诸今日之父母，做父母的能够教育小孩子，而小孩子能够从小学好，则少年中国，即在其中了。做父母的，做小孩子的，大家努力！大家努力！幸勿失之交臂！

原则二：做父母的应当教育小孩子顾虑别人的安宁。

一鸣生后第 66 个星期的时候就有一种顾虑别人的表示。他是不喜欢红的小帽的。他堂兄所带的红童子军帽给他戴，他不愿意，他也不愿意我戴。从前他不愿意吃的东西和不愿意做的事情，他自己不吃不做就是了，并不叫别人也不吃也不做。现在他不愿意的事情，也叫人不要做。这里可以证明他已经有点推己及人的意思了。一鸣两岁零 11 个月的时候，有一天，他早晨醒来，就吹洋号，我低着声对他说："不要吹！妈妈、妹妹还睡着呢！"他一听见我的话，就不吹了。你要叫他不要吹洋号，你自己须先要低着声同他说话，所谓己正而后能正人。倘使你亢喉高声同他说话，那么他也不肯听你的话而不吹洋号的。还有一天，我吃中饭后，在客厅里打盹。他进来对他母亲说话，一看见了我睡觉，他低着声对他母亲说"爹爹睡了"，就不作声了。这种顾虑别人安宁的动作是逐渐养成的。平时他妹妹在房里睡熟的时候，我们进去必定蹑着脚走的，说话也是低着声说的，而且常常对他说："妹妹睡了，不要作声。"我们常常以顾虑别人安宁的话说给他听，而且做给他看，所以他今天也能够顾虑我的安宁了。有许多小孩子是常常不顾虑别人的安宁的，别人睡眠或生病的时候小孩子不是大声喊叫，就是狂奔跳跃，别人说话的时候，不是从中插入，就是乱吵乱闹，使睡者、病者、谈话者闻而生厌，见而生气，而他自己只知自私自利，从不知顾虑他人的安宁。这种例子触目皆是，今姑从略不一一举了。

☞ 今日之孩童即他年之成人。今日之孩童不能顾虑他人的安宁，则他年之成人即将侵犯他人的幸福。现在我们中国，自武人政客，以至行贩小卒，无论做什么事，多数人只知利己，罔顾别人。推其原因，虽非一端，然他们当孩提之时，他们的父母不教以利己利人之道，亦一大原因。至于没有受过教育的一般人们可以不必说了，就是受良好教育的学生，也常常有不顾虑别人安宁的事情。我在中学里读书的时候，有许多同学当夜深人静的时候，常常高谈阔论以扰他人的好梦，或评论他人，或说东论西，或朗背英文，或纵谈古今，休休喋喋，彻夜不已。倘略加诘责，即报我以恶声，并说什么言论自由，你不能干涉我，犹我不能干涉你，说这许多无理的话。又在火车上，我们常常看见许多先上车的搭客，伸其足，腆其腹，高卧座上，而后上车的乘客，只好鹄立于其侧了。这种人年幼的时候，做父母的没有教育他们顾虑别人的安宁的道理，所以现在就有这种罔顾别人的举动了。顾虑别人的举动，小孩子生来是不晓得的。小孩子有好吃的东西只知自己吃，有好穿的东西只知自己穿，要哭就哭，要笑就笑，并不能十分顾虑到什么父母、兄弟、姊妹等等的安宁和幸福。做父母的在这个时候，应当教以顾虑他人的安宁，使他慢慢儿知道顾己顾人之道。这种教育是很容易做到的，而且其效果也很容易得到，所以做父母的要他们的小孩子将来成为有道德的人，当小的时候即须教以顾虑他人的安宁之道。

原则三：家里有人生病的时候，非有特别的关系，做父母的应当使小孩子得着与病人表同情的机会。

秀琴今年 3 岁半了，对于人事稍稍能领会了，但对于病人不知道表点同情。有一天，她的哥哥病了而且病得很重。她母亲就对她说："秀琴，哥哥今天不舒服，饭也不要吃了，玩也不要玩了，他现在卧在床上觉得很难过，你要进去看看他吗？"秀琴说："要的。"她母亲再对她说："你看见了他，你问声哥哥说：'你好吗？'"她母亲遂同她轻轻地进去探望她的哥哥。进了寝室，看见她的哥哥卧在床上，就走近去问她哥哥说："你好吗？"问后，她母亲又领她出来笑嘻嘻地对她说："秀琴！我们到外边去采一点好的花来摆在哥哥的旁边给哥哥看看、闻闻好不好？"她说："好的"。她母亲遂同她到他们自己的小花园里采了许多好花。采了回到房里，她母亲替她把花装在一个好看的瓶里叫她慢慢地拿进哥哥的房里去，放在桌子的上边。

☞ 同情行为在家庭里，在社会里是一种非常重要的美德。家庭里没有同情行为，那父不父，母不母，子不子，家庭就不成为家庭；若社会里没有同情行为，尔虞我诈，人人自利，社会也不成社会了。

但是同情行为不是生来有的，是要在后天慢慢儿发展的，在教育好的家庭培养得快一点，在教育不良的家庭发展得慢一点。

小孩子大概是缺少同情行为的。这并不是小孩子的秉性不良，实是做父母的不去教导他们的缘故。我们都应当像秀琴母亲的样子去教导我们的小孩子，务使我们的小孩子对于家庭、社会能表充分的同情。

原则四：应使小孩子养成收藏玩物的好习惯。

> 一鸣（现在 3 岁零 9 个月）有一天睡中觉睡得太长了，所以晚饭吃过之后不要去睡，就在书房里面画图画、剪纸头，玩了一点多钟之后，觉得疲倦要去睡了。不过未去睡以前，他把房间桌子整理得干干净净，把蜡笔、剪子一起安放原处，又把桌椅移放得妥当。放好了才去睡。

☞ 一鸣到现在差不多已经养成收藏玩物的好习惯了。这种习惯有几种好处：（一）小孩子知道怎样爱护物力，不至于暴殄天物；（二）养成小孩子整洁的观念使他以后做事井井有条，不致杂乱无章，费时费力；（三）玩物不容易损坏遗失。

普通家庭对于收藏玩物这一件事大概是不注意的，既无特别的地方以收藏玩物，又乏特别的指导务使小孩了把玩物玩好之后，安放原处。所以小孩子玩的玩物不是被脚踏破就是用手敲破，使得他任意损坏任意暴殄。这是何等可惜呢！

收藏物件习惯的好处已如上述，但这种习惯是不容易养成的。没有一个小孩子说是生来有这种收藏动作的。小孩子把东西玩了之后，若没有受过良好教育，一定弃之不顾的。一鸣小时何尝不是这样呢？但是他的母亲和我自己不晓得费了多少心血方才得到今天的成绩。他有时候玩了玩物之后不肯把玩物收藏起来，那我就用种种方法叫他藏好，或用暗示以鼓励他，或是严厉地强迫他，务使他养成爱护物件的习惯。总之，小孩子只喜欢玩东西，而不知玩了之后，应把东西收藏起来，或知道应当收藏而不肯去做。但为小孩子自身前途计，为爱护物力计，做父母的应当设法使他养成这个收藏物件的好习惯才好。

原则五：我们应当教小孩子对待长者有礼貌。

要小孩子对长者有礼貌，做父母的自己对待长者须先要有礼貌。如你自己待父母好，那么小孩子对待你也会好的。古语所谓己正而后能正人，就是这个意思。

应当叫小孩子尊敬长者。一鸣两岁 3 个月时候，有一天坐在小凳子上，他祖母在他旁边站着。我就立刻对他说："拿把椅子来给祖母坐。"他立刻就去拿了一把椅子给他祖母坐。这里固然给他练习动作，而且也是教他尊敬长辈的意思。

小孩子是最爱面子的。如果做父母的当着他长辈的面前，逼他对于长者有礼貌，那他因为失脱面子，就不高兴去做了。他即使怕父母不得已去做，心里也是不高兴的。所以做父母的最好在小孩子耳朵旁边，轻轻地叫他致礼，那他因为可以得到敬重长辈的称誉，就很高兴去致礼的。

如果小孩子因为怕羞不肯去做，那么做父母的应当用方法去暗示他。如自己对着友人或长辈施行种种礼貌，或称赞长辈的孩子，这样一来，他以后慢慢就不会怕羞了。

☞ 无论什么人对待长者都应当有礼貌。要小孩子对待长者有礼貌，他们小的时候，做父母的就要留心教他们。我们中国人自古以来是很注重礼节的。礼是曲礼三千，仪礼三千，仲尼教他的学生，尤注重在礼节上。我们读一部《论语》和《孝经》，差不多一半是说礼节的。仲尼以后的大儒，大概都很喜欢说礼的。但是他们口里虽说怎样礼节，怎样教人，而教的方法不十分好，所以到后来有礼与无礼等，"礼云，礼云"不过是具文罢了。其中或者有几个驯良的子弟，听他们父母或先生的话以礼貌对待长辈，但是大概是不愿意的，是不得已的。所以礼节就成为束缚自由的东西，慢慢儿惹人讨厌了。我们要矫正这种弊病，做父母的或先生，应当用以上的种种方法去教育小孩子，使小孩子很高兴以礼遇长者，而不以礼为讨厌了。我们中国现在社会上，教小孩子有礼貌的方法，弊病是逼他们去做。倘使他们不以礼待长辈，那么做父母的就当着客人面前责骂他，如骂他们"饭桶"、"废物"等等，小孩子因被骂而恼羞成怒，以后更不喜欢礼遇长辈了。有几个小孩子本来是很有礼节的，后来因为一不当心受他们父母的责骂，就从此对待长者没有礼貌了。推想做父母的也是要他的小孩子好，所以这样责骂他，谁知道小孩反更加不好了。又有许多人是不去教小孩子，所以到后来小孩子一见了长辈，就缩头缩脑地躲着，或者当着长辈连大气也不敢出。这种情形是普通社会上所常见的。推其原因是从小的时候，做父母的没有教他的缘故。还有许多做父母的或先生自己对父母没有礼貌或对友人不致礼，而责他小孩子对他自己要有礼貌，对他的朋友致敬意。结果，他们的小孩子非但不敬父母，而且要轻视父母了。

原则六：不准小孩子对待保姆有傲慢的态度。

　　一鸣有一天因为家里的保姆不听他的话，就骂她"讨厌东西"。这种脾气是由做父母的不好好儿教育的缘故，并不是先天生来是这样的。做父母的应当教育小孩子对待保姆有相当的礼貌。做父母的叫保姆去做一桩事，应当好好儿对她说，如果保姆事情做得不好，也只要说她几句罢了，切不可骂她。这样一来小孩子也会好好儿待保姆的。

　　☞ 我们应该尊重保姆的劳动，尊重保姆的人格。做父母的应当自己善视保姆，做小孩子的榜样，使小孩子也善视保姆。做父母的尤不应当使小孩子从小受人侍奉。凡小孩子能做的事，叫他们自己去做，保姆不过代做小孩子所不能做的事罢了。倘使件件事情都替小孩子去做，那么小孩子非但不能发达他的肌肉，而且他的虚骄之气也从此滋长了。有许多王孙公子、富贵子弟，身体羸弱，骄气逼人，虽其原因不一，但于这一点也未尝没有关系。所以做父母的要使得小孩子免掉这种弊病，就不应该使他们从小受人侍奉。

原则七：做父母的须禁止小孩子作伪。

一天早晨（那时一鸣两岁零 5 个月），一鸣的手攀着吃饭的椅桌，右足踏在桌档上，左足悬空挂着。在这个当儿，他看见他母亲倒水绞手巾，正要给他洗面就喊叫说"啊唷，啊唷！"以表示痛的意思。他母亲听见他这样喊叫，立刻跑过来把他抱下来，叫他立在地板上，但是他还喊叫说"痛的，痛的！"喊了几声就逃出去了。

☞ 其实一鸣毫无痛处的，而其所以如此喊叫者，是因为要避脱洗面的缘故。他母亲不知其中底蕴，一听见他喊痛，以为他真有痛处了，所以把他抱下来，叫他立在地板上，他因此就可以乘间逃避，不要洗面了。他以前从没有"作伪"过，而且他"作伪"也是"惟妙惟肖"的，嘴里喊着痛，身上装出痛，脸上现出痛，这种样子，使得见者、闻者容易信以为真。孟子说："欺之以其方，虽君子亦不免。"一鸣欺他的母亲也用很好的方法，他的作伪不是别人教他的，是他自己想出来的。所以他母亲居然受他的欺了。

一鸣吃饭的时候常常不要系围巾。有一天（那时他有两岁零 5 个月了）吃饭以前，他母亲把围巾替他系上，他就喊叫说："痛的，痛的！"喊的时候，把围巾拉下。拉下以后，我又把它系上。他就大哭而且再把围巾拉下。后来我把他抱到房里去，把门关着，他哭了一歇，就不哭了，抱出来，我仍旧替他系上，他也不拒绝了。

☞ 他母亲替他系围巾，他也没有什么痛，而他所以这样喊的原因，也不过同以前不要洗面一样用意罢了。喊痛不生效力，继之以哭。总而言之，他用种种方法要去达到他不要系围巾的目的。我知道他明明是不痛的，也知道他喊痛的用意和作伪的方法，所以不顾他喊痛，不管他号哭，用强硬手段把他关在房里。他既然不能售其作伪的方法，没有法子只好任我系上围巾了。假使我因为他哭，就不把围巾替他系上，那么他下次更加不要系围巾了，而且更加要作伪了。像这种地方，做父母的断不可姑息小孩子的。

【总结】大多数小孩子是常常要作伪的，而且作伪的方法、作伪的样子是随地、随时、随事而变迁的，所以做父母的也应当用种种思考、种种方法去考察他、禁止他。倘使小孩子受父母的禁止，一次不能售其伪，以后就不敢作伪了。世人"尔虞我诈"的行为，日多一日，虽其原因不一，我想当他们小的时候，做父母的任他们去作伪，去作恶，也不无关系的。他们以为既可以欺父母，就不妨欺别人；既可以作伪于家庭，就不妨作伪于社会，久而久之，就成今日之现象了。要改革这种现象是一个重大的问题，非三五语就可以解决的；但是我想做父母的如果能够禁止小孩子作伪，使他们将来成为诚实的青年，则于国于家将来都不无裨补的。

原则八：不准小孩子打人。

有一天，高仁不知为什么事，拿了一根竹棒去打他的堂兄。他堂兄正要夺他的棒还打的时候，被高仁的母亲看见了，高仁的母亲就骂他的堂兄说："你是哥哥，应当让他一点的。不许打他！"他堂兄因为高仁的母亲不许打，就不敢打了，但是脸上显出很不舒服的样子。过了几天，他堂兄正在读书的时候，高仁一只手拿了一根棒头，还有一只手拿一支蜡笔，出其不意地向他堂兄的书上乱画，画得不够，又将他的书抓得粉碎。他的堂兄不敢同他闹，嘴里连说："对不起，不要吵。"

宽仁有一天，把他姐姐的一个盒子夺来了。他姐姐去夺还，他就拿了一根尺去打她，她正要打他的时候，她母亲回来了，立即骂她女儿说："芗凤！你有力量打打他看。他不过6岁，你已经有14岁了，理应要将这个盒子给他，不给他也罢了，还要去打他。你有力量打打看。"可怜的芗凤既失了盒子，又受他打，还要挨她母亲骂，一肚子闷气没处出，只得哀哀悲悲地哭起来了。她母亲看见她哭，就赶过去打她，而且骂她说："你为什么缘故挨骂的？这样大的人不会做事体，还要哭。"说毕又打，又骂，弄得芗凤昏天黑地有话没处讲，有冤没处诉，只得吞声饮泣，倒在床上了。

☞ 做父母的以为小孩子年纪小，做成人的应当让他的；不知道小孩子自以为年纪小，更加要强横起来了。强横之气既成，则放僻邪侈无所不为。小则受人之辱，大则伤己之身，其害之大真"不堪设想"，等到那个时候，做父母的悔亦迟了。倘使小的时候，做父母的就不许他打人；倘使他打人，做父母的就去责罚，那小孩子以后就不敢打人，不会闯祸了。但是有许多做父母的，因为爱他们小孩子的缘故，听他去骂人、打人。所以到了后来，他就要打人了，有时候，非但去打别人，而且要打他自己的父母。一个很好的例子写出来，给大家看看。有一位富翁，年近五十，方得一子，老年弄璋是人生的乐事，这位老人家的快乐是不消说的了。儿子喜则喜，儿子悲则悲，总而言之，他以儿子的意思为意思。过了几年，这个小孩子有四五岁了，因为父母爱他的缘故，所以强横霸道无所不至，一不高兴就骂人打人，倘使父母去打他，他就打父母，父母因为他年纪小，也常常容恕他。再过十几年，他已经有十七八岁了。他年纪大了，胆子也大了，常常偷他父亲的钱到外面去赌，一掷千金，毫不为意。后来被他父亲知道了，当着众人面前大骂他一顿。他非但不怕父亲而且骂他父亲说："老而不死是为贼。你死死不会死，还要来骂我。你当心点，我迟早些，总要打杀你！"他父亲听到这话，虽然担心，但是总有点不相信。这天晚上，这位老人家把一只小斗桶放在他自己的床里，用被服盖着，当作人睡的样子；他自己静悄悄地躲在床后以看他儿子的动静。果然不差，不到一刻钟工夫，他儿子怒气冲冲地来了，举起一把大斧头，暗地里向床上乱斩。啪的一声，斗桶碎了，他以为他父亲的头颅被他斩破了，丢了斧头，马上就逃。他父亲在背后看得明明白白，一面去报官，一面吩咐家人以后看见他，立刻把他捉住。"光阴易逝"，匆匆又过了十几年，这位老人家年纪已经有八十多，暮年孤独，苦不堪言，睹物伤怀，悲感交集，虽恨他儿子无良，但仍旧望他回来。有一天，老人家正在桑园里散步的时候，忽见有一年逾三十的农夫走过来对他说："请你把这株老桑枝弄弯来。"他笑嘻嘻答道："老弟，老桑枝哪里能够弄得弯呢？"农夫说："不错，不错，桑枝要小弯，儿子要小教。"他听到这句话，不觉顿触旧恨，珠泪点点，"泣不能仰"。农夫问他哭的缘故，他就一五一十地告诉农夫。农夫说："你要他回来吗？如果你要叫他回来，那么我有法子。"老人家听到这话，就问他："他在哪里？"他说："远在千里，近在眼前。"老人家很以为奇，看农夫的面貌，好像是他自己的儿子，好像又不是他儿子。这个农夫又对他说："你要他回来，那么我就是你的儿子了。"老人家听到这句话，就用弱而无光的眼睛注视他的面上，看他少小出家老大回来，乡音不改，鬓毛已衰。看了许多时候方才喊道："啊哟！我的儿呀！你以前要杀我，是我不从小教你的缘故呀！"说毕就哭。儿子见到这种情形追悔他以前的行为也哭了起来。父子"悲喜交集，遂和好如初"。这段故事，虽不值得什么，但是有一个感想，做儿子的固然不好，做父亲的尤其不好。倘使儿子小的时候，做父亲的就不许他打人，那他后来也不会要杀他自己的父亲了，幸喜他儿子后来悔过自己归来，否则，老人家暮年苦况更不堪设想了。从以上种种情形看来，做父母的绝对不应当任小孩子打人的。

原则九：小孩子在家里应当帮助他的父母做点事情。

> 宽仁6岁的时候，常常很喜欢帮他母亲的忙。每天早晨起来，他总替他母亲扫地，虽然扫得不大好，总还可以的。

一鸣也很高兴在家里做一点事情。他有一天，把一根搔灰用的铁棒拿起来插在火炉盖上，而且要把火炉盖拿到火炉的上面去。他用了许多力气还拿不上去，我就在旁边帮助他，并说几句称赞话给他听。

☞ 当小孩子做事的时候，做父母的应当在旁边看着他，看他能不能做那件事。他能够做那件事就让他去做；如果他不能够，那么做父母的应当帮助他以成其美。一鸣拿火炉盖的时候，倘使我不去帮他，那他恐怕拿不上去了，非但拿不上，或者还要敲在他的脚上。所以做父母的看见小孩子不能做的时候，应当同他合作。小孩子去做一件事的时候，切不要希望他所做的成效好，因为小孩子气力薄弱，思虑简单，所做的事大概是不能得到好结果的；而所以任他去做的缘故，因为一方面可以发展他的筋骨，一方面可以引起他自动的兴趣，并不是一定要得到好结果的。一鸣 1 岁零 10 个月的时候，就要拿起扫帚来，在地板上扫碎纸、木屑等物。他虽则扫得不好，我们还是让他去扫。不到两岁的小孩子本是不能扫地的。我们所以任他去扫，是因为要他的肌肉发达，而且也要使他得到扫地的经验。我常看见有许多做父母的一看见小孩子做一件事情，恐怕他做不好而且费时，就叫他不要做，或者替他代做。从我们成人一方面看来，小孩子做事固然不如我们自己做来得好而且快，但从小孩子一方面看来，他不去做就不能得到做事的经验了。富贵子弟骄慢怠惰不知世事艰难，大概也是这个缘故。

原则十：做父母的应当教育小孩子爱人。

有一个母亲对她的三个小孩子说："你们的爹爹费尽许多心思到外边去赚钱来给我们吃，给我们穿，给我们用，一天到晚没有空。我们既然靠他吃，靠他穿，靠他用，也应当用种种方法使他快乐。"三个小孩子听到他们母亲的话，就齐声问道："用什么方法呢？"她就看着她的女儿说："你去换了很清洁的衣服，装成仙女的样子，站在门口，等你爹爹回来的时候，就笑嘻嘻地欢迎他。""至于你们两个（指儿子）将桌子上地板上的东西都收拾好，而且把桌子茶几抹得干干净净，地板上也扫得清清爽爽，花瓶里的水换换。我到厨房里去烧夜饭给你们爹爹吃。"小孩子听见他们母亲的吩咐就分头去干他们的事了。到了5点钟，这位爹爹回来了，看见他女儿穿着很清洁的衣服站在门口欢迎他，他心里非常高兴并牵她的手，慢慢儿走进去了。走到房里看见地上扫得很干净，家伙什物摆得很整齐，他心里的快活，是不消说的了；又看见两个小孩子跑过来欢迎他并且表示很亲爱的样子。后来他妻子笑眯眯地搬饭出来，吃饭的时候，大家谈谈笑笑真是快乐得很。饭后，他妻子弹弹琴，几个小孩子唱唱歌，他老人家坐在很舒服的大椅子内看看报、听听歌，在那时候他觉得日里的辛苦都化为乌有了，而且精神上的畅快充满了他的胸襟了。

☞ 古语云："乘人之车者，载人之患，衣人之衣者，怀人之忧；食人之食者，死人之事。"（《史记·淮阴侯列传》）是可知受人之赐，不可不答以相当之报。虽则做小孩子的年龄幼稚，能力薄弱，不能载父之患，怀父之忧，死父之事，但是也不可不予父母相当的酬报。酬报之道没有别的，不过使做父亲的快活罢了。我们有许多家庭则不然，做父亲的回来的时候，不是女儿啼哭，就是妻子谩骂；不是鸡粪满地，就是尘埃盈桌；什物纵横，书籍狼藉，可以不消说的了。做妻子的，当男人回来的时候，大概没有好好儿迎接他的，大不了说一声"某某的爹爹！你回来了？"有时候不高兴，还要板起了脸，睬也不去睬他。做男人的在外面费尽许多心思或气力拿汗血换钱财来供给他们，而他们待他竟是这种样子，岂真正应该如此吗？做男人的看到这种情形，固然难堪，我想做妻子或儿女的，想来"报施之道"，也要"问心不安"了。

2 月 22 日是洪器母亲的生日。前一天，他父亲对他说："明天是你母亲的生日了。我去替你们买糕儿、水果来。明天早晨，你们大家穿美丽的衣服去祝贺妈妈。"洪器听到他父亲的话，心里自然是高兴的，一面去通知他的弟弟妹妹，一面又去告诉他的小朋友说："明天是我妈妈的生日，你们大家来玩玩。"第二天早晨，他同他的弟弟妹妹一早就起来，把地板桌椅等等东西都弄得非常干净，把水果、糕儿都一盘一盘盛起来摆在桌上，笑嘻嘻地对母亲说："妈妈，今天是你的生日，我们大家要拜你的……"话还没有说完，只听得外边大声喊道："洪器！我们大家来了。"说毕大家就七跳八跳地进来了，没有多少时候，桌上的钟，已经 12 点了。他就请他的父母大家坐下来，一同吃吃谈谈，欢聚一堂，其乐何极！

☞ 做母亲的抚育子女是很辛苦的。生育可以不必说了，至于烧呀！煮呀！洗呀！一天到晚也没有一点空。要小孩子帮助母亲洗烧是能力上不大容易做到的，至于使母亲快乐，实在是他们能力上做得到的。使母亲快乐的日子，不必一定是生日；使母亲快乐的方法，不必一定是拜寿；不过生日祝寿也是其中之一罢了。

我在美国的时候，有一天到一个圣日学校的幼稚园里去参观。有一位教师把许多洋囝囝给小孩子看，囝囝中有墨西哥小孩子、意大利小孩子、日本小孩子等等。教师指着囝囝对小孩子说："我们有吃有穿有用，他们吃了多少苦，可没有什么穿，没有什么吃。我们应当想法使他们也同我们一样快乐。"稍息，教师叫大的学生起来收捐，小孩子都欢欢喜喜地拿出钱来放进捐囊里去。

☞ 人之爱人需要天天做的，不要我今天爱人，明天就不爱了。尤需在小的时候学习，小的时候有爱人的行为，那到了成人的时候，自然而然也能够爱人了。一个人最不好的脾气就是"利己心"太重。无论做什么事，往往以我为中心。凡有利于我者，没有不高兴去干的；无利于我者，都不愿意去做，那么到了后来，"上下交争利，而国危矣"。无知识的人固然可以不必说了，就是有知识的人，就是曾经受过"高等教育"的人，一旦得志，卖国祸民，丧权辱国，种种事情，抑或有之。推其原因之一，大概由于他们小的时候，没有受过爱人教育的关系。所以我们要救国保民必定从教育小孩子爱人着手，小孩子今日能爱人，他年就能够爱国了。

【总结】教小孩子要从小教起，小时容易教，大来就难教；什么顾虑别人安宁的心肠，什么对别人发生同情的动作，什么爱护物力的态度等等，都可从小养成的。

小孩子常常是利己的。但是我们要慢慢儿教他爱人之道，不要以为他年纪尚小，可以不必讲这种"迂腐"事情的。

第十一章

我们应当怎样责罚小孩子的

原则一：诱导比恐吓、哄骗、打骂都来得好。

> 有一个两岁的小孩子，在天将晚的时候，还要独自到外面去玩。在这种情形下，为父母的应当怎样做？去恐吓他呢，还是去禁止他；让他去呢，还是借别人去骂他；"无中生有"地去哄他呢，还是去诱导他？

☞（一）以恐吓这种方法来对待小孩子，是不对的，如说外边有老虎呀，有鬼呀。因为这样一来，使得小孩子发生无谓的惊慌，恐怕以后到了晚上，就不敢到黑暗的地方去了。这种方法做父母的是常常用的，所以普通小孩子常常怕鬼或怕动物。

（二）又有许多做父母的不管小孩子的心里高兴不高兴，只一味禁止他，如说："天晚了！不许出去了！倘使你吵，我打你一顿！"这样一来，有些小孩子居然怕你而不敢出去了。但有些小孩子因为你不准他出去，就要哭而且还要出去。前者可以不生问题了，至于后者，你究竟怎样办呢？是因为他哭了，就让他去呢，还是不让他去而竟打他呢？让他去吗？那小孩子以后就要藐视你而不听你的话了。打他吗？那不但小孩子怨恨你，而且你自己也觉得不很好。因此好好的一桩事情，弄得很没有趣味了。

（三）你让他出去吗？这是不对的。小孩子在晚间非有特别的事情不宜到外面去游玩。因为在晚间游玩，小孩子容易闯祸，不是磕头碰脑，就是皮破血出，所以你不应允许他出去的。那究竟怎样呢？你应当诱导他。如对他说："天已经晚了，外边现在没有什么东西可以看，可以玩，我们还是到房里去看画图，唱唱歌，玩玩别的东西吧。"这样对他说，他如果还要出去，那你得想出特别的东西或游戏的方法来引起他的注意；倘使他依旧不听，那只好不准他出去，让他去哭了。

（四）你借别人骂他吗？这种"打丫头骂小姐"的方法，是绝对不可行的。如对着小孩子骂别人说："你不要吵，吵吵我要打你!"你用这种方法来对付小孩子，小孩子听不听你是一个疑问；即使被你吓倒了，也有许多坏处：1. 小孩子知道你做鬼来吓他，他虽然怕你或者被你吓倒，但是他心里是极不舒服的；2. 直接受你骂的人就学了一种欺诈的方法，将来也用这种方法去对待别人了。如此推演下去，则社会就成为欺诈的社会了。

（五）又有许多做父母的，常常用"无中生有"的方法去哄他，如当小孩子吵的时候，忽然对小孩子说："诺! 诺! 诺! 这里有个爬爬虫，你看你看!"而且说的时候指东画西装出一种活灵活现的态度。在这个当儿，小孩子或者居然受你骗而不再吵了，但是后来小孩子看出你的破绽来，以后就不相信你的话了。而且他也学了你的欺诈的行为。这是于两方面道德上都有损伤的。

原则二：做父母的应当探索小孩子作恶的原因。

念慈有一次同他的几个小朋友到山上去玩，没有到学校里去念书。他下午回家以后，他父亲问他这天的功课，他因为恐怕受他父亲的责罚，就说了许多谎话，他父亲信以为真，也不仔仔细细地去究问他。一宿无话，到了第二天早晨，他父亲为什么事跑到学校里去同念慈的先生讲话，寒暄既毕，先生就问道："念慈昨天为什么事情不来读书的，莫非病了吗？"他父亲被先生一问很诧异地说道："怎么说？他昨天明明来上课的，怎样说不来？他昨天回来的时候，我问他的功课，他还应答如流，一点没有错误，你怎么说他不来？"先生笑嘻嘻地回答他说："他昨天的确没有来，请你回去问问他就是了。"坐了一歇，他回家去。不到几步，念慈也背着书包慢慢儿到学校里来了。他父亲迎头向他说："昨天你为什么不去上课？"念慈见问，自知事已败露，不好作答，低着头一声也不响。父亲又问他："你昨天到底到什么地方去了？你好好儿说来，不许说谎！"念慈红着脸低着头，声音很低地说道："周世孝要我到仰华山去玩，所以没有去读书。""那么你为什么缘故骗我呢？"他父亲又问。他回答说："恐怕你要打。"他父亲说道："算了，到学校里去，以后再不许赖学，而且再不许说谎，倘使你再说谎，我决不饶你的。去！去！快要上课了！快点走！"这几句话，他深深地记在心上，永没有忘记，他恐怕说谎被罚，以后就不敢说谎了。

丽花常常要偷东西吃的。她的后母因为她要偷，就常常去打她，而且在她父亲的面前说她怎样馋嘴，怎样偷窃。她父亲素来知道她待丽花是很不好的，所以今天听到她的话，也不见得十分相信，后来他仔细调查，丽花的确要偷东西吃的，而偷的原因，实在因为他妻子待丽花不好的缘故。无论什么东西，她总给她自己的儿子吃，没有给丽花吃的。丽花没得吃，所以常常去偷。如此已经有两年多了。他既然查到丽花偷食的原因，一面骂丽花，一面背着丽花骂他的妻子。后来有东西吃的时候，总有得给丽花吃，而丽花以后也不再偷窃了。

☞ 大凡小孩子决不会无故而作恶的，作恶的原因，大概是由环境造成的。做父亲的待他太严厉，他因为恐怕受罚做了坏事，自然要说谎的；做母亲的不把食物给他吃，他因为为食欲所冲动，自然要偷食物的。倘使能够寻出小孩子作恶的原因，而且把这种原因铲灭，那么小孩子以后就不会再作恶了。如果不把他这种原因除去，而只责罚他作恶的结果，那么小孩子虽然怕你，一时不敢再作恶，但是他作恶的心，依旧存在，要他以后不再作恶，是很不容易的事情。所以除小孩子的恶，应当除其本，不应当除其末；除本是永久的，至于除末，不过一时有效罢了。

原则三：做父母的责罚小孩子以前，应当平心静气考察他究竟有无过失。

有一个小孩子在学堂里，听到他先生说人的脚骨折断可以再接的话，心里很以为奇怪，一回家，就把一只鸡的脚骨折断，他正在想方法要把这只鸡骨接起来的时候，被他母亲看见了。他母亲就拿了一根尺向他头上乱打，一面打，一面骂道："有你这个贱东西，为什么好好儿把一只鸡的脚骨折断?"骂毕又打。小孩子受了一顿打，没有法了，只得哭哭罢了。

宽仁同几个小朋友到桃园去玩，小朋友看见桃子熟了，就爬到树上去偷桃子，后来被桃园主人知道了，拿了一根竹竿，往着桃园里来。小孩子一看见有人来，大家就逃去了。宽仁因为自己没有偷桃子，大着胆子，偏偏不逃。主人走来一看，别的小孩子都逃去了，只有一个宽仁在这里，就把他拿住。他虽满口喊屈，但是主人总不肯相信，怒气冲冲地把他送到他母亲面前说："你的儿子偷我的桃子。"他母亲一听到他做贼，不分皂白将他大打一顿。可怜这个小孩子平白地受了"无妄之灾"。

> 有一个小孩子，有一天早晨起来，把一个洋囝囝的头发剪得"牛山濯濯"。他母亲看见就问他剪洋囝囝的头发的缘故。他说："人的头发剪掉会再生出来，不知道洋囝囝的头发剪掉以后会不会再生出来，所以我试试看的。"他母亲听到他的话，非但不打他，而且笑嘻嘻地对他说："是的，我们看洋囝囝的头发会不会再生出来。你好好儿看着。"

☞ 法庭判决罪犯，在未判决以前，应当调查他的事情，有罪加诸以刑，无罪则宣告他无罪。倘使有一位法官，不问曲直，不论是非，贸贸然去判决一个嫌疑犯，那么非但受者不服，就是旁观者也要"群起而攻之"了。法庭如此，家庭也是这样的。做父母的在未责罚小孩子以前，也应当仔仔细细地考察他一番。他实在有过失，那就责罚他；倘使他没有过失，那就不应当责罚他了。如果不论皂白，听一面之词，逞一己之怒，就去鞭挞小孩子，那小孩子也要不服他父母的。虽然小孩子能力薄弱不敢反抗父母，但是他恨父母之心恐怕从此发生了。我常看见有许多小孩子，因为父母冤枉去打他们，就骂他们的父母；做父母的，因为儿子骂他们，就赶他们出去，不许回来。乡村里的父老常常说做儿子的不好。据我看起来，做儿子的固然不好，但是做父母的也不能够算得好，因为"不平则鸣"是万物自然的趋势，儿子受了不平，也应当鸣的。要儿子对待父母有礼貌，做父母的责罚儿子须先要公平。

原则四：不应在别人面前责罚小孩子。

> 我昨天到朋友家里去和友人说话的时候，他的侄儿常常从中来插言。他的婶娘因为被他闹得太不耐烦了，就去骂他，他好像没有听见一样，依旧以言语来间断我们的谈话。他婶娘恨极了就大骂他。他受了这种责骂，自己觉得不好意思慢

慢儿出去了。又有一个老太婆常常在别人面前骂他的外甥。有一天，她外甥不知做错了什么事，又被她责骂了。她一面骂，一面去叫她的侄媳妇、侄孙女等大家来听。可怜这个十几岁的小孩子，在大众面前，受了这样的恶骂，就大哭起来了。她非但没有可怜他，而且又取笑他。后来骂的时候太长了，媳妇们大家去了，她也就此不骂了。这个小孩子从此就非常怨恨她，以后她无论怎样教训他责骂他，他总不要听了。我的友人袁君对他的小孩子不是这样的。他当着别人的面前从没有骂过他的小孩子。他的小孩子因为他父亲顾全他的面子，就很高兴听他父亲的话，以后慢慢儿就变好了。

☞ 无论大人小孩都是有羞恶之心的，除了有神经病的成人或年纪太小的小孩以外，大多数小孩子尤喜欢顾全面子。倘使做父母的当着别人的面去骂他，他以为受了莫大之耻辱，就要怨恨他的父母了。小孩子等到怨恨父母，以后就不高兴去听父母的教训了。我们中国有许多家庭，父子间感情是很不融洽的。父不以子为子，而子亦不以父为父，双方面各趋极端像仇敌一样。虽其原因不一，但是于这点上也不无关系。还有许多小孩子初次被骂还觉得倒霉，倘使做父母的常常在别人面前去骂他，他就不以为耻，慢慢儿成为顽童了。我常看见有许多小孩子在客人面前是很会吵的。他们父亲骂他几句，他们就停上一刻，过了几分钟，老样子又来了。这种小孩子已经失掉羞恶之心，做父母的虽欲改掉，而已不可能。所以做父母的不应当在客人面前去骂小孩子，应当等客人去了以后，方才慢慢儿去教训他；教训他不听，然后去责备他，那么小孩子因为不丢面子，就很高兴去改他的过失。但是也有许多小孩子一次受辱，以后恐怕他父母再当着别人的面去骂他，就从此而改他的过失的。不过这种小孩子是很少的。所以据我看来，做父母的要责罚小孩子不如背着别人的面来得好。

原则五：早上和晚间都不宜打骂小孩子。

青儿小的时候，是很会吵的，不是同别家小孩子打架，就是在家里弄坏东西。有一天，他又将邻家的小孩子打出血了。小孩子的母亲怒气冲冲地走过来，一五一十地告诉青儿的母亲，说毕便携着她的小孩子大哭起来。那时候青儿已经逃得无影无踪了。他的母亲见了这种样子自然火气直冲，拼命地叫青儿来，但是哪里叫得到呢？她没有法子只得向邻家赔了礼，说了许多好话，然后勉勉强强地方才了事。到了将晚的时候，青儿鬼鬼祟祟地只好回来了。他的母亲只管自己做事情，一句也不说，他暗地里自己想想以为没有事了。吃了夜饭，他独自个去睡了。睡不到一刻钟的时候，他母亲拿了一根竹枝，揭开青儿的被，使劲地大打了一顿。此时的青儿既无逃处，又无救兵，正同热镬里的蚂蚁一样了。他在这天晚上做了许多恶梦，忽而喊起来，忽而哭起来，令同床的人也闻而惊惧。过了几天，他又同人家打架了。他母亲本来又想在晚间打他，后来因为有事，没有工夫，所以没有去打他；到了第二天早晨，趁他还在被窝里做好梦的时候，她仍旧用以前打过的一根竹枝，揭开青儿的被大打起来。他这天早晨起来，觉得一天不舒服，神经错乱，心里跳跃，茫茫然如有所失的样子。做母亲的像青儿的母亲正不知多少，所受到的痛苦像青儿的也不知几何。

☞ 做父母的应当使小孩子夜里安安稳稳睡觉，断不可因为日里打不到他就在晚间补打。要知道他身体上受了痛苦还是小事，心神上受的痛苦那就事大了！大凡一个小孩子夜晚受他父母的鞭挞以后，必定不能够安安稳稳地睡的。他在梦中不是看见他父母去打他，就是看见他父母去追他，所以梦中常常要哭喊。至于清早去打小孩子，其害处更加大了。小孩子因为受了大惊，就会成病，即使不成病，也要使他一天心神不宁。往日天真烂漫的小孩子，几乎变成木鸡一般。所以我说做父母的不宜打小孩子，早晚更不宜打孩子。

原则六：做父母的不应当迁怒于子女。

　　我的学生张君曾对我说，他八九岁的时候，有一天嘴里嗡嗡地唱着，慢慢儿地从外面归来，走到厨房里问他母亲说："夜饭好吃了么？"他母亲也不问皂白，拿起吹火的竹筒，使劲地向他敲来。这一敲非同小可，敲得他头上一个洞，血如注水一般地流着，脸孔上、衣襟上、地板上都染得血红。他受了猛烈的打击，顿时就昏过去。后来他祖母看见了就用种种方法将他灌醒，而且嘴里一面骂着，一面哭着。你想他母亲为什么无缘无故地这样去打他呢？她这天下午听见她丈夫生意亏本，而且身上有病，所以她心里非常不高兴。年幼的张君哪里知道这件事呢？到了将晚的时候，自然回来向他母亲讨饭吃了。他母亲本来因为一腔闷气，无从发泄，心上已经恨了；今又看见他这样高兴，尤加怒不可抑，所以就拿竹筒去打他了。又有一个少妇，大发怒的时候，拿他的儿子去出气。拿了一根竹竿，无意中就把她天真烂漫的儿子霎时间打伤了。还有一位很严厉的老学究，不知为了什么，心里不高兴，就拿起一块板子把他十一二岁的儿子打得疯疯癫癫。我又听见一个好赌的人，因为他自己赌输了钱，回来就去打他的女儿，不到二三下，他女儿的右臂就被他打断了。还有一个妇人，同她的丈夫因事口角，心里不高兴，后来就无缘无故地骂她的小孩子来泄愤。

　　☞ 大凡一个人有心事的时候，最容易迁怒于人，尤容易迁怒于子女。因为拿别人来出气，别人是不答应的，所以只好把自己的子女，拿来出气。这种弊病没有知识的人固然容易犯，即使有知识的也是常常要犯的。当发怒的时候，骂无好话，打无好拳，做子女的便受了无妄之灾了。即使不把子女打死，也要打伤；即使不打伤，也容易伤父子、母子间的感情。这种举动，一方面于自己道德上固然有妨害，而另一方面于家庭上也要发生烦恼。我想做父母的事后思之，也要觉得难为情了。还有一层，因为自己不高兴，常常去打骂子女，子女就把打骂当作司空见惯的事，以后即使做错了事，受父母的打骂也不以为羞了！所以做父母的当发怒的时候，应当平心静气，使其躁释矜平。若拿自己的骨肉来泄愤，不是愚蠢得很吗？

原则七：小孩子弄坏东西，做父母的去责罚他，并不是因为可惜东西，是因为要改正他的行为。

小轩 4 岁大的时候，偶不当心把他母亲的一只描花盏敲破了。这只盏是他母亲的朋友送他母亲的，形式精巧，花样新颖，是他母亲最喜欢的。今天被他敲破，她的心里自然显得很不高兴，所以就拼命地打他一顿。

☞ 做父母亲的因为小孩子行为不好所以去责罚他则可；如果为了一只描花盏去打他则断断不可。试问为了一只盏值得去打自己的儿子吗？倘使为了一只盏去打他，那么做母亲的真所谓"重物而轻人"了。如果这只盏实为盖世的宝盏，那做母亲的也只要教训他以禁他下次罢了，用不到拼命地去打他。但是有许多做父母的，往往不懂得这个道理，看见小孩子把糖吃完，因为可惜糖的缘故，就去打小孩子，至于小孩子肚子吃不吃坏，是不管的；看见小孩子将油灯弄翻，因为可惜火油的缘故，就去打小孩子，至于小孩子行为好不好是不管的。结果，小孩子因为父母爱物不爱人，就要怨恨他的父母，而他的行为自然不会改正了。倘使要小孩不怨恨父母而且把他的行为改好，做父母的应当把他不好的行为说给他听，而且告诉他今天责罚他的缘故，并不是因为可惜东西，实在

【总结】墨子见染丝者而叹曰："染于苍则苍，染于黄则黄，所入者变，其色亦变，五入必而已，则为五色矣。故染不可不慎也。"（《墨子·所染篇》）不独丝是这样，就是小孩子也是这样的。小孩在未受教育以前，好比是一索素丝；受了教育以后，好像一索素丝已经着了颜色。学得好就好，学得不好就不好。等到学得不好，以后做父母的即使要去教他好，也是很不容易的。我现在举一个例子以证吾说之不谬。有一位琴师出一张招生广告说："未学过琴的，学费一元；已经学过的两元。"这张广告使得许多人怀疑，以为学过琴的已经懂得一点，教起来比较未曾学过的来得容易，学费也应当便宜些；现在不但不便宜，而且要贵一元，究竟是什么道理？后来这许多话被琴师知道了。他就对他的朋友说："你们哪里知道。未曾学过琴的，不过不会弹琴罢了，没有什么病根的。至于已经学过琴的，不但不会弹琴，而且学了许多弊病。我现在要教好他，非先把他的病根除去不可。既要除去他病根，又要教好他，比较未学过的已经多一层困难了。所以学费也应当贵一倍。"这个例子大可证明小孩子对于各种东西，俱须从小学好的。做父母的教育小孩子，尤应当特别谨慎。因为小孩子年龄幼稚，意志薄弱，很容易受教育的影响。施以良好的教育，则将来成为良好的国民；倘施以恶劣的教育，那么将来成为恶劣的青年了。孔子云："少年若天性，习惯成自然。"俗谚云："教儿婴孩。"前者是说习惯很能束缚人的，后者是说小孩子要从小教的，也就是说好习惯、好思想要从小养成从小灌输的。

我们中国有许多人，方在盛年，即显出衰弱的现象，驼着背、耸着肩、垂着头，气息奄奄不绝如缕；讲到他们的道德，真所谓道其所道，非我之所谓道，德其所德，非吾之所谓德，只知利己，不道利人，苟有利于己，虽卖国亦所不惜，倘利于人，即拔一毛而亦不为。至于他的知识，有的固然很丰富，但是有许多人实在欠缺得很，他们有病，不求人而求神，不问医而问卜；倘有不测，即诿之于天，脑筋的简单，知识的缺乏，真和太古民族没有什么两样。我们看到这种人，一方面固然恨他，一方面实在很可怜他；恨他是因为他有害于人群，可怜他是因为他们小的时候没有受过良好的教育；不特没有受过良好的教育，而且受了恶劣是因为他行为不改，而且教训他下次不许再犯同样的过失。这样一来，小孩子能够知道他自己的过失，以后就容易改好了。

原则八：当小孩子做错了事的时候，做父母的应当重责其事，轻责其人。

有一个小孩子去偷别人的一支铅笔被他父亲知道了。他父亲骂他说："你是个贼，你是个下流东西！倘使你下次再去偷，我就把你的十个手指头个个割去！"这个小孩子被他父亲骂得昏天黑地。他一方面固然恨自己行为不好，但是还有一方面非常恨他父亲骂他是个贼。后来他非但没有改过，而且"变本加厉"。不到几天，邻家有一个小孩子又告诉他父亲，说他偷他的吸墨纸；又过几天，学堂里又有一个小孩子来说他偷他的小皮球。他父亲以前骂他是贼，现在居然成为贼了。他父亲到底"儿女情长"，他的手指头是不会割去的，又不过拼命地骂他几句"下流东西"罢了。他们的邻家余君责罚他的子女不是这样的。他的子女倘使事情做得不好，他就骂他们所做的事而不去骂他们的人格。如有一天，余君的第三个小孩子，大约5岁大，看见他的小朋友有一枝很美丽的口箫就静悄悄地把它拿来了。后来被他父亲看见，一再盘问他，他也不赖，一口承认是从他的朋友家里拿来的。他父亲就对他说："这枝箫是你朋友的，你不得你朋友的允许是不能拿来的。倘使被你朋友看见，他必定要说你的。我知道你是一个很好的孩子，不过这样去拿人家的东西是很不好的。"这个小孩子听了他父亲的话以后就不敢再去拿别人的东西了。

☞ 我想做父母的去责罚他的人格的缘故，是要激发他的羞恶之心，使他慢慢儿改去他不好的行为。要知道无论什么人受奖励而做善是很容易的。小孩子尤其喜欢听好话而不喜欢听恶话，做父母的一去骂他的人格，他的心就要很不高兴了，非但无悔过之心，而且长其为恶之心，所以他的人格从此堕落了。反之，做父母的只就事论事，那他以为不好的是事，而非其人，那还有自新之路呢！

原则九：倘若父亲或母亲打骂小孩子的时候，旁人不宜来帮着说"可怜！可怜！苦呀！"这许多话。

> 一鸣不肯刷牙齿，他母亲打他，他祖母跑过来说："可怜！要打死哉！"

> 静波不肯洗澡，父亲打他，他母亲在旁边说："可怜！不要去打他！不肯洗随他。"

☞ 父母不宜打小孩子，但是往往因为小孩子不听父母的教训或做错事情，父母就会打小孩子。当父母打小孩子的时候，旁边人是不应当来帮着小孩子说"可怜"、"真苦"、"不要去打他"等话语的。倘使这样去说他，那小孩子以为他自己真是对的，父母打我是错的，父母要我刷牙齿、洗澡也都是错的。这样一来，小孩子下次愈加不肯听他父母的话了。还有一层，旁边人说"可怜"这种话，小孩子不哭也要哭，不喊也要喊了。一方面养成他撒娇的行为，一方面又引起他怨恨父母的心理。所以当父母责罚小孩子的时候，旁边人绝对不应当来说这种话的。我的意思，旁边人任他父母打几下，然后去把他领开，而且教他下次要听父母的话，如说："要你洗澡，你要去洗的；要你刷牙齿，你也要刷的。切不可不听你父母的话，弄得父母要打。若下次再不听话，那我不来领开你了。"旁边人能够使小孩子少受皮肉上的痛苦，而且教训他一下，那是顶好的事情了。

原则十：不宜痛打小孩子以致打后懊悔不及。

芗丰吃饭以后，忘记把食物收拾好就出去玩耍了。有一只馋嘴的狗看见屋里没有人，就爬到桌上去，将所有的食物吃得净光而且弄碎几只碗。正当这个时候，芗丰的母亲回来了，看见这种样子，火气直冲，一面敲狗，一面喊芗丰。芗丰还没有知道这桩事情，一听见她母亲喊，就三脚两步地回来了。她母亲把她哄到房里把房门关上，立刻把她的衣服脱下，用竹枝向芗丰的身上大打而特打，一直打得竹枝也断了，气力也乏了，方才不打。这一顿打非同小可，芗丰雪白的身上，打得没有好肉了，血迹淋淋，斑痕点点，真令见者寒心，闻者酸鼻。在这时候，芗丰的肉体上固然受了痛苦，而她母亲的精神上也受了极大的痛苦了。后来她却怪邻舍狠心，不来劝劝；骂她媳妇没良心，不来把她的竹枝夺去，东说来，西说去，总说别人不好。这种话是她可怜芗丰的缘故，也是她懊悔的表示。

☞ 做父母的对待小孩子，如果能够不打，那么顶好；倘使不得已一定要打，也只要略打几下以禁他下次罢了，不应当不顾小孩子的痛苦，拼命地将他毒打。我想做父母的因为逞一时之怒，所以去毒打他们的小孩子，但是究竟骨肉情深，事后追思，没有一个不懊悔的。既要懊悔，何必当初呢？所以做父母的，与其追悔于后，不若慎重于始。

原则十一：当小孩子做错事情的时候，做父母的不应当因为要博小孩子的欢心，就去责备别人。

宽仁有一天早晨起来，不要穿鞋子，他母亲再三引诱他，他总不依。他母亲恨极了，不管他肯不肯，一只手拿着鞋子，一只手拖他脚，硬要他穿，他就两脚前后踢着，两手上下敲着，闭着眼，张着嘴，大哭起来了。那时候，他祖母正在门外看山景，听见他哭，就快快地回来，她一路走一路问道："好好儿为什么哭的？"他母亲就告诉她不肯穿鞋子，而且说他这样撒蛮，这样无理。他祖母听到这些话，非但没有骂宽仁而且假惺惺地骂他媳妇说："都是你不好，他是很好的，他是要穿鞋子的，都是你不好，走开！"她一面说，一面走到宽仁的面前，把她媳妇一推，而且轻轻打她几下。宽仁听见他祖母骂他母亲就一点不哭了。他祖母拿着鞋子替他穿上，而且假的又骂她媳妇说："有你这个呆婆，吃米一升，吃肉一斤，连穿穿鞋子还不能，我们穿好以后，总要来打你一顿。"她替宽仁穿好鞋子以后，又轻轻地去打她媳妇几下，而她的媳妇又故意放声哭起来，而且嘴里"啊唷，啊唷"地喊着。宽仁在这个时候，一点也不哭不吵，很高兴地让他祖母替他穿鞋子了。

西庚不肯到学校去读书，他的母亲再三说好话给他听，他总不承受。后来被他父亲听见了，就高声喊叫说："谁说不要去读书？不要去读书的到我这里来。"他听了他父亲这样严厉，没有法子，只得到学校里去了。

☞ 小孩子应当做的事，一定要他去做；小孩子不应当做的事，切不可允许他去做，断不可因为要博小孩子的欢心起见，就说他好，而归罪于他人。要知道有许多小孩子的行为是很乖戾的，做父母的如要博他的欢心，那么要目不暇给了。如小孩子的衣服每日一定要穿的，但是有许多小孩子有时候竟不要穿；小孩子的面每日一定要洗的，但是有许多小孩子有时候竟不肯洗，做父母的是让他"赤身露体"、"囚首垢面"地去呢，还是因为要引诱他穿，引诱他洗，而专意去骂替他穿衣服的洗面孔的人以博取他的欢心呢？我想家里的长者必不许他"赤身露体"、"囚首垢面"的，大概是要博取他的欢心而归罪于人的。如果归罪于人，那么小孩子以为衣服是不应当穿的，面孔是不必洗的，替他穿衣洗面的都是错的，而他自己绝对是对的，其结果，适足以长小孩子"自是"之念；即不然，他以为替他穿衣服洗面的人都是"饭桶"，实在不能胜穿衣洗面之任，其结果，适足以引起他轻人之心；又不然，他因为受他父母的安慰和暗示，以为替他穿衣洗面的人，都是欺侮他的，其结果，适足引起他撒娇的行为。小孩子犯以上三者之一，贻害将来，实非浅鲜，倘兼三者而有之，则更不可闻问了。我想做父母的也未尝喜欢他们的小孩子有以上的行为，实在因为被他们哭不过，吵不过，但求太平，没有法子，只得骂别人以引诱他，安慰他。家长这种办法原不过是"一时权宜之计"，但是做小孩子的竟以此而养成不好的习惯了。所以小孩子做错事情的时候绝对不应当归罪于别人，应当责罚小孩子自己。倘使能够如此，那小孩子以后就不敢再有以前的行为了，不敢有"自是之念"、"轻人之心"、"撒娇的行为"了；做父母的以后也可不必用许多心思去引诱他，安慰他了。这种地方，我劝做父母的应当很留意。

原则十二：做父母的不要常常去骂他们的小孩子。

　　云父和他夫人对待他们的小孩子是很严厉的。小孩子稍有不好或说错了几句话，他们俩就拼命地去骂他们。有时候他们俩自己心里不高兴或做错了事情，他们无气可出也骂在小孩子身上。我记得有一天，云父的夫人一面替她儿子做长衫，一面同她的朋友谈话，谈得有趣的时候，不觉捧腹大笑。不料正兴高采烈的时候，她的衣服做错了。她气极了，就去骂她的儿子出出气。你想这个小孩子听她无缘无故地这样骂他，心里怎样？云父骂儿子，差不多也是这样的，而他的骂，实在不是叫做骂，简直可以说是取笑。有一天他同他的朋友从外边回来，看见客厅里摊着许多东西，桌子上放着一个竹做的畚斗，不觉勃然大怒。但是他不去叫他的儿子将畚斗拿去，而竟对他的朋友说："老友！你到畚斗里去坐。"他的朋友听他这句话，竟不知所云，看看他的夫人，看看他的儿子，面上现出很奇怪的样子。但是他的儿子已经领会他的意思了，立刻走过来将桌上的畚斗拿开。等到拿开以后，他方才大骂他的儿子。诸如此类，不胜枚举，所以他们家里一天到晚听见骂声，而他的子女一天到晚怨恨他们。英直的家里不是这样的，他父母非但不以自己的事去骂他，就是他做错了一点小事，他的父母也不去骂他的，不过和和气气地对他说罢了。等到真正有过不去的事，他父母才去说他几句，所以以后英直一听见他父母的骂，就面红耳赤觉得非常倒霉。

☞ 责备的目的，一方面是要激发小孩子的羞恶之心，还有一方面是要使小孩子改他以前的过失。所以骂是不可以常用的，是"不得已而用之"的。倘使常常骂，那么小孩子就不以为意了。我常看见有许多做父母的一面骂小孩子而小孩子依然顽皮。又有许多小孩子听见父母骂他，他们就轻轻地骂他们的父母，做父母的因骂子女而得到这样结果，正是失去"骂"的功能了。赏罚是不能滥用的，滥用了，那么受之者不以为意了。倘使做父母的天天骂小孩子，那么小孩子把骂当作耳边风了，恐怕还有几个小孩子以骂声当作惯听的声音，以骂者当作留声机器。等到小孩子以骂者当作留声机器，简直不以父母为人了。归纳起来，做父母的常常骂小孩子，其害有三：（一）失去"骂"的效力；（二）引起小孩子轻视之心；（三）引起小孩子厌恶之心。好好一个小孩子反变成一个坏孩子了。

原则十三：做父母的不应当以一己之喜怒来支配小孩子的动作。

我曾看见有一个老太太，不知为什么缘故独自个坐在阶石上纳闷。她忽然看见她的孙子七跳八跳地在天井里跳跃，心里就老大的不高兴起来，立刻叫她的孙子走近前来，逼他坐在她的旁边念120遍"阿弥陀佛"。小孩子念好之后，这位老太太心里也不觉得烦闷了，就把这个孙子抱起来拍拍他说什么小心肝，什么小宝贝这等话。又有一小孩子，正当号哭的时候，他父亲当着客人面前逼他张口大笑。小孩子虽勉强笑了几声，但是他的泪容还是依旧存在。这种例子实在很多，如父母心里不高兴的时候就逼他们的小孩子去读书、写字或挑水、扫地等等，也不问小孩子的意志怎样，心里怎样，所做的事情，他能否胜任，只一味以他自己的意志为意志罢了。这种情形，普通人家是常常有的。

☞ 一人自有一人的意志。做父母的不能以一己之喜怒来支配小孩子的动作，犹小孩子不能以自己之喜怒去支配他父母的动作。虽父母可以差使子女，而子女不能差使父母，然父母亦必须尊重子女的意志，断不能以一己之意志为意志，而驱使子女像牛马一样。我们中国的旧家庭对于子女是很严厉的，古有"君要臣死臣不得不死，父要子亡子不得不亡"之说，所以父权日重，而小孩子的意志日益浅薄，自由幸福也从此没有了。以喜怒来支配小孩子的动作的弊病既如上述，但是有许多人因为溺爱他们小孩子的缘故，常常以小孩子的喜怒来支配他们自己的动作。小孩子得到这种"孝父"、"孝母"，遂成为天之骄子了。强横霸道无所不为，到了极点，则有弑母屠兄的惨剧。这种弊病在社会上也是常常看见的。所以我反对做父母的以一己之喜怒来支配小孩子的动作，我也反对做父母的以小孩子的喜怒为喜怒。

【总结】小孩子应当不应当受体罚呢？有人主张小孩子非受体罚不会弃恶从善的，也有人主张我们成人绝对不宜施行体罚的。主张体罚的说，小孩子最怕的是身体的痛苦，小孩子有时候很顽皮很倔强，非用体罚不足以改其非。反对体罚的说，体罚是最野蛮的手段，丧失小孩子的人格，也是丧失做父母的人格；我们有许多好的积极的方法，可以教小孩子使他改恶从善，若不能用别的方法而只诉诸野蛮的体罚，这分明是显出家庭教育之失败。

以上两说，各有理由。以我看来，凡做父母的自身曾经受过良美教育而能施良美教育于子女的，那体罚当然可以免用。但是我们一般普通的父母虽不应常常诉诸鞭挞以指导我们的小孩子，然有时也或要用到。用体罚以指导小孩子易，不用体罚而用别的良法以指导小孩子难。若能用别的良法指导小孩子，那我非常赞成的；若不能用别的良法而不得不用体罚以指导小孩子，也须善用。我所忧虑者就是一般做父母的不知道怎样责罚小孩子，以致损害小孩子和自己的人格。所以我特地把责罚小孩子的条件，在上面详细地一条一条说出来，以期做父母的不会滥用他们的威权。现在我再把责罚小孩子的条件总起来，写在下面：

1. 诱导比恐吓、哄骗、打骂都来得好。若能以诱导法得到良好结果的，我们千万莫去打骂我们的小孩子。

2. 未责罚小孩子以前，做父母的应当探索小孩子作恶的原因，不要一味地瞎打瞎骂。

3. 做父母的在未责罚小孩子以前，还要详细考察他的过失，要深知他所犯的究竟是什么过失，不要不分皂白，乱施鞭笞。

4. 即使要责罚小孩子，做父母的也不要在众人面前去责罚他，以保存他的羞恶之心。

5. 即使要打骂小孩子，早晚不应该打骂他。若是早上打骂他，他一天要不舒服；若是晚上打骂他，他一夜要不得安睡。

6. 做父母的不可迁怒于其子女。

7. 做父母的责罚小孩子的时候，应当重责其所做错的事情而轻责其人，以予他自新之路，以保存他的人格。

8. 打骂的时候，旁人不宜帮着说"可怜！可怜！"等话，免使小孩子相信自己是对的，相信打他的人是错的。

9. 不宜痛打小孩子，以致打后懊悔不及。

10. 做父母的不要常常去责罚他们的小孩子，因为常常责罚也就失其效力了。

第十二章

怎样可以使小孩子的经验格外充分些

原则一：做父母的应当常常带领小孩子到街上去看看。

> 一鸣从小有机会到街上去游览的。他很小的时候若听说到外边去，那就高兴得了不得。他最喜欢看路上的行人与动物，所以差不多天天我们总抱他出去看看的。
>
> 到了年纪稍微大一点而略能了解人事的时候，我常常带他到街上去玩玩或者去买东西。凡他喜欢看的东西，我们就止步看看。什么驴子磨豆，什么机匠织布，什么衣庄里卖衣，什么市场里卖菜，什么煎油条，什么做烧饼，什么卖拳头，什么变把戏，凡此等等他都喜欢看的，我也陪他看看。看的时候，他有不懂的地方，我告诉他。因此他的知识渐渐丰富起来了。

☞ 普通人的常识是非常缺欠的，不辨菽麦，不知斗秤者比比皆是。日常所用所吃的东西，我们大概只知道怎样用的怎样吃的而不知道它怎样做的，怎样变成的，也不知道它出在哪里生在哪里的。比方，我们日常吃的豆腐，有许多人从没有看见过它是怎样做的；又比方我们做衣的布，有许多人从没有看见过它是怎样织成的。

我们要晓得常识缺乏的人大概是不会有什么作为的，而且对于他自己做人也是很吃亏的。所以做父母的应当常常带小孩子到街上去看看，以丰富他的知识，以增进他的经验。

原则二：凡小孩子能够自己做的事情，你千万不要替他代做。

我常看见有六七岁大的小孩子，做父母的还是给他喂饭，替他穿衣服，替他开开门户，收拾东西。小孩子要摇铃，做父母的就摇给他听，小孩子要敲鼓就敲给他看。其实小孩子对于这种游戏都喜欢自己去做，不特听听看看罢了。有一乳娘抱着一个3岁大的小孩子，嘴里吹着一枝竹箫，小孩子两手抓着嘴里喊"要"，但是她总不肯给他。我问她："你为什么不给他呢？"她说："他要敲破的。"其实这枝箫不过值得几个铜元，即使给他敲破，也值不得什么，何必一定不给他吹呢？后来她因为他缠绕不过，就把这枝箫给他叫他自己玩。这个小孩子一不当心，这枝箫就跌在地上了。小孩子正要自己去拾，她立即匆匆忙忙地替他拾起来，小孩子因为她拾了，就躺在地上大哭，嘴里还叽里咕噜地骂着。又有一个大腹的孕妇手里抱着她的五六岁大的小孩子，从楼上下来。我实在看得可怜，就问她："你为什么不叫他自己走呢？"她说："恐怕跌下去。"我看他们的楼梯并不高，五六岁大的小孩子走走是不妨事的。即使恐怕他跌，她只要很当心地看着罢了，何必去抱他呢？小孩子要走没有得走，她好休息不要休息，实在是大家不上算的。至于替小孩子穿衣服，普通做父母的尤容易犯。有一个10岁的儿童每天早晨起床总要叫他的姨娘替他穿衣服，倘使他姨娘不来，那他只好困在床上了。他到学堂里去，他父母天天用车子送他去的。他的家距学堂并不远，况且他的年纪已经有10岁了。自己走走有什么要紧呢？

但是他的父母因为恐怕他要辛苦，所以总用包车迎送他。以上诸例是我所知道的，其余像这样的例子实在很多，我也不必举了。现在我们对待一鸣不是这样的。他起居饮食，收拾东西等等都是要他自己做的。有时候他实在不能够，那我们方才去帮助他。我有一位朋友的小孩子现在不过3岁半，每日总是自己洗刷牙齿两次，一次在早晨起床以后，一次在晚间临睡以前。还有一个小孩子，他从小在他外婆家里长大的。五六岁大的时候，他外婆就叫他自己穿衣服。再过一两年，起床以后，他外婆就教他叠被褥。后来他年纪慢慢儿大了，这位老太太叫他扫地抹桌子，冲茶搬饭，应对进退，一举一动，都有规矩，而且不论路的远近，总叫他自己慢慢儿走，永不许他坐轿的。后来这个小孩子身体很强壮，行为举动也是很好的。这种教育可以说是良好的家庭教育，我希望教育子女的，大家采用采用吧。

☞ 替小孩子做事情，其弊有三：

（一）剥夺小孩子肌肉发展的机会。小孩子愈动作则他的肌肉愈能够发展，反之则他的肌肉就要退化了。我们看纨绔子弟，王孙公子，起居饮食，出入进退，都有人服侍，所以他们的身体孱弱无力，见风就生病，见太阳就发痧是其明证。不特人类如此，就是蚂蚁也是这样的。蚁王住在房里，食物都是别的小蚂蚁拿来给它吃的；所以到后来，它的两个钳就退化了。不幸有意外之事，它只好坐以待毙。做父母的倘使不明了这层道理，一味去爱惜他，服侍他，那他的肌肉也要像蚁王一样退化了。

（二）养成小孩子懒惰性格。小孩子的事情样样由他父母替他代做，那他以后就不高兴自己去做了。他视父母如奴隶，以为是上帝给他的侍者，所以无论什么事都要推父母去做。以后他在社会上做事，也成为不尽职务的人了。我们可以说大多数人的懒惰都是在他们小的时候养成的，也可以说是他们父母替他们养成的。

（三）养成小孩子不识世务，不知劳苦的性格。不亲自做过的事情，则不知别人的劳苦；不经过许多事务，则不知世务的艰难。一班少爷公子只知驱使人们替他们去做事情，一不称心则鞭挞随之，因此慢慢儿成为不知世故人情而且没有人道的人了。这种坏脾气恶习惯大概是从小由他们的父母或家人替他们去做事情所养成的。

替小孩子去做事的害处既如上述，现在且将小孩子自己去做事的好处说一下：（一）可以发展他的肌肉；（二）可以养成他勤俭的性格；（三）可以使小孩子知道做事的不易和世务的艰难；（四）可以养成独立的精神。推想普通做父母的替小孩子做事的缘故，大概是因为小孩子做事慢而且容易闯祸，不若自己替他做来得快而且不会闯祸。其实小孩子事情做得慢没有什么要紧的，即使事情弄坏了，也不打紧，何以因此而就替他去做呢？替他去做既有三害，叫他自己做既有四利，所以我希望做父母的凡小孩子能做的事情都让小孩子自己去做吧。

原则三：叫小孩子做事，不宜太易，也不宜太难，须在他的能力以内而仍非用力不可的。

丽利现在已经 9 岁了，年龄慢慢儿大起来了，她的肌肉也逐渐发达了。有一天早晨起来，她父亲看着地板笑嘻嘻地问她说："你能够扫地吗？"她听了她父亲的话，面上显出不高兴的样子，回答她父亲说："扫地是怎么回事，有什么烦难呢？"说毕就去找了一把扫帚在房里打起精神扫了一番，扫好以后，对她父亲说："爸爸你看，扫得怎样？"丽利平日在家常常扫地的，所以看扫地是一桩很容易的事。她父亲因为她自命不凡，就再对她说："你倒拖拖地板看。"丽利是很好胜的，一听见她父亲的话，就去拿了一把拖帚在脚盆里浸了几浸，这把拖帚本来有好几斤重，现在再加上水的分量，更加重了。她用了许多气力，方才拿到房里，但是在这个当儿，已经不能拖地板了，脸上显出很倒霉的样子，低着头径自出去了。

今天早晨，我特意叫一鸣（那时他两岁零 11 个月）送一封信到他先生那里去（先生住的地方，离我们约有 200 码之遥），不过我远远地在后面看着。起初到他先生的前门敲了几下，但是因为里面没有答应，他就回转来了。我看见他回来，跑过去对他说："往后门去。"他就往后门去了。看见了家里一个人，就把这封信交给他。

☞ 小孩子每天应当替父母做一点事情，使他知道他也是家中的一个重要分子并且也能够替父母帮忙，这是于两方面都有好处的。不过做父母的叫小孩子所做的事情，不要太易，不要太难罢了。倘使所做的事太易，那么小孩子一则不高兴去做，二则无进取心，三则以为父母小看他，叫他做这样容易的事情，恐怕就要不大高兴。反之，做父母的叫他做太难的事情，那么小孩子一则畏难不敢去做，二则以为父母虐待他，叫他做这样艰难的事情，以后就要怨恨父母了。所以做父母的叫小孩子做事不宜太易，也不宜太难，当在他能力所能做的事，而叫他去做。富贵人家的子弟，日惟三餐，夜惟一梦，终日不做一事，做父母的也不叫他们去做，即使叫他们做也是拣极容易的事。因此他们戏嬉好闲，毫无进取的精神；而且肌肉不会发达，身体不会强健。贫寒子弟，往往受父母的指使，无片刻的休息，而且所做的事大概非他们能力所能及的。如五六岁的儿童，做父母的就叫他们上山砍柴，下河汲水，他们一则逼于父命，二则逼于饥寒，不敢不去做，也不得不去做；但是他们因为用了过分的气力，往往显出瘦弱的现象来。这种小孩子，说起来，实在可怜得很，做父母的要他们身体强健，断不能叫他们去做太难的事情。至于富贵子弟，也实在可怜得很，做父母的要他们肌肉发达、知识增进，而且要使他们有进取的精神，则断不能叫他们一点事不做，或做极容易的事。不过叫小孩子所做事情的难易，须以他们身体的强弱为转移的。身体强，那么所做的事也应当较难一点；身体弱，所做的事应当较易一些。总之在小孩子能力以内，不要太易也不要太难就是了。

原则四：不应当禁止小孩子去探试物质。

　　小孩子大概是喜欢玩弄东西的。看见雪就要弄雪，看见沙土就要弄沙土，看见钉就要敲，看见纸就要剪；但是做父母的一则恐怕小孩子衣服弄脏，二则恐怕小孩子多危险，所以总不肯答应他们去玩。我曾看见一个八九岁大的小孩子看见天井里积了尺许厚的雪，就将他身扑在雪上印成一个人的影子。不幸被他外婆看见了，就骗他进去打了他一顿。后来他又用竹竿在屋檐前打落一根很长的冰，他拿在手里当作马鞭装赶马的样子。他外婆看见立刻显出一副可怕的脸孔来骂他道："大清早起也不读一句书，就来弄雪；弄了雪不够又来弄冰，你爷娘养你这种东西，倒不如养猪狗好。"骂得这个小孩子昏天黑地连一句话也不敢回答。你看这个小孩子可怜不可怜呢？又有一个1岁半的小孩子，同他母亲在野外玩的时候，看见一个干燥的小潭就要下去玩玩；但是他的母亲因为怕他衣服弄脏总不准他下去。其实这个潭已经干得许多日子了，对于小孩子既然没有什么危险，也并不龌龊，何必去阻止他呢？小孩子大概是喜欢弄沙泥或砾石的。泰戈尔八九岁的时候，同他父亲到喜马拉雅山去，拾了许多小石装满了他两只衣袋。这是一个很好的例子，可以证明小孩子大概是喜欢弄沙石的。他的父亲非但不去禁止他，而且要他去拾可爱的石子。我对待一鸣也是这样的。一鸣有一天同我到野外去，看见一堆沙就走过去玩；玩了许多时候，我叫他回去，他还不肯走。他有时候喜欢敲钉，我就让他去敲钉；他有时候喜欢剪纸，我就让他去剪成鸟畜人物的形象。总说一句，我是让他去试验物质，不愿轻易去阻止他的。

☞ 小孩子不玩雪，则不知道雪是冷的，雪是遇热而融化的；不玩沙石，则不知道沙石是硬的；不剪纸，不敲钉则不知道钉和纸的性质，锤和剪的用法。所以小孩子试验物质可以得到许多经验，长进许多知识。做母亲的也未尝不喜欢他们的儿童经验丰富，知识长进；但是因为恐怕小孩子衣服弄脏，皮肤受伤，所以常常去阻止他们。其实皮肤损伤是不要紧的，衣服弄湿弄脏，只要替他们换换罢了，何必阻止他们呢？化学家试验化学常常将衣服弄破，但是化学家不因此而废学；体育家运动常常皮肤受伤，但是体育家不因此不运动。是可知受一次损伤就有一次经验，弄一次血出即长一次知识。小孩子试验物质也是这样的。常有做父母的不明了这一点而去禁止他们的小孩子，真可谓"爱之而适足以害之"了。

原则五：做父母的应当利用儿童的好问心，以作教育儿童的一种良好动机。

> 有一个 5 岁的小孩子一看见素来没有见过的东西总要去问问他母亲，他的母亲因为没有什么学问，所以常常不能回答他。有一天，这个小孩子看见一个乌龟就会问他母亲说："那个会爬的是什么东西？"他母亲回答说："乌龟。"他又问她说："那个东西有几只脚？"答说："4 只。"又问说："那个东西为什么有这样硬的壳呢？"他母亲厉声回答说："尽管会呆问的，乌龟自然有硬壳的，走开去！我没有工夫！"

☞ 这个母亲自己既然不能回答他小孩子的问句，理应很谦虚地回答说："我不晓得。"或者回答说："等我去问人再来告诉你。"反而骂他"呆问"，叫他"走开去"。她的小孩子这样一来，以后就不大敢问她了。

> 又有一个母亲，她在学校里曾受过了几年教育，对于教养子女方法也稍知一二。她的小孩子问她，她没有不尽量回答的；若她不能回答，她就去问了别人再来回答她的小孩子。有时她小孩子的问句不应在人面前回答的，她就以婉言告诉她小孩子说："等一下我告诉你。"歇了一歇，她就详尽地对她小孩子说个明白。她的小孩子因此得了许多知识。

☞ 这种有问必答的教育方法固然比谢绝问难的来得好，然也有很大的危险在其中。若小孩子一问我，我就直接答他，使他不必再去探讨再去思索。到了后来，反使他事事要来问了。就是他应当自己先去探索的，不去探索而反即来问人，这样反使他养成了一种依赖人的坏习惯。

> 有一日，有一个 5 岁的儿童同他父亲到郊外去散步，远远地看见一个儿童正在那里放风筝，就问他父亲说："那个小孩子在那边做什么？"他父亲回答说："你要去看看吗？"就一同与他过去看。到了那里，他父亲对他说："嗄！那个在空中的多么好看。你看那个小孩子手里捻了什么东西，要走近去看一看吗？"他就离开他的父亲走到那个小孩子的旁边，看见那个小孩子捻了一根粗的线，就回来告诉他父亲说："线。"他父亲又问他说："你要同那个小孩子那样做吗？"他说："要的。"他父亲就领他到街上去买了纸竹等材料，回到家中做了一个风筝给他，第二天还同他到郊外去放风筝。

☞ 你看这种利用儿童的好问心的方法比前一种"有问必答"的教法来得好。这个父亲不直接回答他小孩子而反引他到那放风筝的地方去看放风筝，并慢慢地激起他小孩子的兴趣去买纸竹做风筝等事，使他得到了许多快乐和许多有用的经验。这种利用问难的方法虽费时耗神，但于小孩子确有莫大的益处。

　　总起来说，我们做父母的不要拒绝小孩子的问难，也不要以"有问必答"的方法对付他。我们应当利用他的问难来施行我们的理想教育。

第十三章

为儿童造良好的环境

　　小孩子生来大概都是好的，但是到了后来，或者是好，或者是坏，都是因为环境的关系。环境好，小孩子就容易变好；环境坏，小孩子就容易变坏。一个小孩子生长在诡诈恶劣的环境里，到大来也会变成诡诈恶劣的。一个小孩子生长在忠厚勤俭的环境里，到大来也是忠厚勤俭的。这是什么缘故呢？倘使他在较坏的环境里生长，他所看见的，所听见的，都给他坏的印象，那他所反应的大概也是坏的；倘使他在一种很好的环境里生长，他所听见的，所看见的，都是很好的印象，那他所表现的，大概也是很好的。

　　有一次，我从普陀乘船回上海，船上的环境非常恶劣，什么赌博，什么鸦片，几乎到处皆然。船上一个 16 岁的小茶房，看起来很聪明，居然也吃起香烟来了。我就劝告他说："香烟是有毒的，你这样小小的年纪，不可吃的呢！"他就一声不响地走开去了。过了一息，我看见他居然又大叉其麻将。这小孩子曾经读过四年书，看起来玲珑可爱，但是生活在这种环境之下，也就同化了。我们不能说他坏，我们不得不归罪于环境。你说要小孩子不受环境的影响，世界上有几个？有几个能超出环境之上的？这样说来，环境不但对于成人发生关系，发生影响，对于我们的小孩子也会发生更大的关系，发生更大的影响。我们诚不可不为小孩子创造优良的环境啊。

　　小孩子生来一点没有什么观念的，但是他有几种基本的能力：（一）接受外界的刺激；（二）这种刺激在脑筋中肌肉里或者可以保留着；（三）他受到那种刺激到相当时期，会有相当的反应。

这三种基本的能力，是他一生做人的基础。刺激就是从环境来的，好的刺激，就得到好的印象；坏的刺激，就得到坏的印象。他听见家庭里常常骂人的声音，他后来就不知不觉地也会骂人，他虽然不晓得骂人是好是坏，他看见成人是这样做，就这样学。他看见成人随地吐痰，他也不知不觉地随地吐痰，他不晓得随地吐痰是好是坏，他看见成人这样做，就这样做。

反过来说，如若他所居的环境是很优美的，所听见的音乐是很好的，他就不知不觉地很高兴地唱起来。他看见美丽的图画，他也来画画看；他看见别人说话文雅，走路轻快，他也会慢慢儿说话文雅，走路轻快的。

总说一句，怎样的环境，就得到怎样的刺激，怎样的印象！从所得的印象中，常常发生与印象有关的动作。所以从前孟母要三迁其居，是深深明了小孩子到了哪种环境，就会做出哪种动作来的。

我们要问，在同一环境之内，为什么缘故两个小孩子，就有不同样的动作，长成不同样的人格？这是因为他们本来的三种基本能力不同的关系；不过他们所不同样的，是相对的不同，不是绝对的不同，是数量的不同，不是质量的不同，也不是说一个同样的环境，能养成一好一坏的。

环境究竟是什么意思？"环境"两字，普通是指儿童所接触的那些静的、呆板的物质。其实，凡是可以给小孩子刺激的都是他的环境，一切物质是他的环境，人也是他的环境，而且人的环境，比较物的环境还要重要，这是什么缘故呢？

因为人的动作，可以直接影响小孩子的动作，他看了就可以模仿。一张死的桌子，一把死的扇子，虽然可以给小孩子一种刺激，但是有时候桌子、扇子竟会不发生什么效力的。

为小孩子应该造怎样的良好环境？

一、游戏的环境

从心理方面说，小孩子是好动的，好模仿的。两三个月大的婴儿，就能在床上不停地敲手踢脚，独自玩弄。到了五六个月的时候，看见东西就要来抓，抓住了，就要放进嘴里去。到了再大一点，他就要这里推推，那里拉拉，不停地运动了。一等到会爬、会走，那他的动作更加复杂了，忽而立，忽而坐；忽而这样，忽而那样；忽而爬到这里，忽而爬到那里。假使我们成人像他那样动了两个钟头，那一定疲乏不堪了。到了三四岁的时候，他的游戏动作比以前还要繁多，而他的游戏方法，也与从前不同了。从前，他只能把椅子推来推去，现在，他要把椅子抬来抬去地玩了；从前，他只能把棒头敲敲，作声以取乐，现在，他要背着棒头当枪放了。到了七八岁的时候，他的身体比以前强健得多了，精神也非常充足了，知识也渐渐丰富了，因此他的游戏动作也就与以前不同了。此时他喜欢玩各种游戏，什么放风筝、踢毽子、斗蟋蟀、拍皮球、打棒头、捉迷藏等等，他都能够玩了。

游戏对小孩子有什么好处呢？游戏可以给小孩子快乐、经验、学识、思想和健康，所以做父母的不得不注意小孩子的游戏环境，给他有很好的设备，使小孩子得着充分的运动，更让他有适宜的伴侣，使小孩子得着优美的影响。这样，小孩子的身体就容易强健，心境就常常快乐，知识就容易增进，思想就会发展了。

以打球来讲，美国八九岁的儿童，就能打棒球。从前我在美国巴尔的摩读书，看见一个邻居的小孩子，歪戴了球帽，肩了棍棒，在路上打球，打得很好。这是什么缘故呢？因为他们平常所看见的，所接触的，所玩的，都是很多打棒球的环境。不过相当的环境，须包含相当的设备。

有一次，我到南京去，在火车上看见一个母亲，带了两个小孩子，一个大的，大约4岁，一个小的，大约两岁。小的抱在手里，大的在椅子上。母亲叫大的坐好不准动，大的小孩子坐了一息，就吵起来，他要弟弟的摇铃，母亲不给他，他就哭了！母亲叫他不要哭，对他说：

"你做哥哥，年纪大了，还要哭吗？不许哭！不许哭！"但是他还是哭，还是吵。后来母亲打了他几下，他哭得更加厉害。那时候我就想，这样小的小孩子，哪里可以像成人一样地坐得牢，他应当有东西玩玩，有图画看看，有事情做做，就不会厌倦了。他哭了好久，那母亲另外买了一个摇铃给他，他一拿到之后，揩揩眼泪，就笑嘻嘻地玩了。

这种情形，在家里是普通得很。我们有的家庭以为游戏是顽皮的，是最坏的；小孩子的一举一动，都应当像成人一样，使小孩子变成暮气沉沉的"老小人"。这种"老小人"在未变成"老小人"之前，他一定要吵，一定要闹，但经种种压迫，他的那种烂漫的天真，好动的心理，活泼的精神，都渐渐消灭于无形，这是何等可惜的一桩事！

小孩子在家里，一定要有相当玩的东西，相当做的事情。要晓得不动不做，小孩子是不会发展的。譬如他不去玩水，哪里知道水的性质？不去玩冰，哪里会知道冰是冷的？不要因为玩水、玩冰有危险就禁止他。外国的小孩子，在夏天常常到海滨去玩沙、玩水，那样小孩子何等快乐，到了冬天，有的穿了冰鞋去滑冰，有的拉了雪车去溜雪。这种小孩子，身体一定很强壮，精神一定很快乐。在中国，有的小孩子则不然，一到冬天就被紧关在家里，他偶然看见雪，看见冰，要想去玩，做父母的不是骂他，就是打他。冰雪是很好的环境，我们做父母的不晓得利用，反而把小孩子关在家里，哭哭闹闹！像这种吵闹，做父母的不说是他们自己不好，反而说小孩子吵闹，这真是所谓因果颠倒，黑白混淆，实可痛心！

我们做父母的往往有一种偏见，就是以为小孩子总是错的，父母总是对的。好像"皇帝是不会错的，错的都是百姓；皇帝是不会犯罪的，犯罪的都是百姓"。所以从父母的眼里看起来，小孩子既然是错，就应当受相当的责罚。其实相反，错的往往是在父母，小孩子往往是对的。像上面所说的那种情况，做父母的不准小孩子玩冰玩雪，这明明是父母不知道利用环境来教导小孩子，哪里可以说小孩子的不好呢！等到小孩子吵闹起来，还说他是会哭会吵，这岂不是冤煞人吗？所以做父母的，应当给小孩子预备适当的环境，充分的设备，使小孩子得着正当的游戏。

二、劳动的环境

小孩子都是好动的，在上面我已经说过了。平时做父母的总喜欢自己劳动而不愿小孩子去帮助他们。如小孩子的起居饮食种种的事情，做父母的常常要为小孩子代劳。当小孩子年龄小能力薄弱的时候，当然要父母帮忙。不过在小孩子渐渐地长大的时候，做父母的应当渐渐地使小孩子自动，从旁帮他们独立。譬如穿衣服这件事来说，小孩子若不会扣纽扣，做父母的尽可以帮他扣，但是他自己能够穿袜子，你就让他自己穿，我们不要因为他穿得慢，穿得不好，就去帮他穿。其他如吃饭、扫地、叠被，甚至浇花、洗衣、烧饭种种活动，在可能范围内，我们应当让小孩子有劳动的机会来发展他做事的能力。要知道做父母的主要工作，是培养儿童自己劳动的习惯，培养儿童自己独立的能力。

三、科学的环境

根据小孩子好动的心理，我们又应当在家庭里给他一种科学的环境，以引起他研究科学的兴趣。当小孩子四五岁的时候，我们就可以给他小木片、小钉、小锤，教小孩子做各种极简单的玩具，如小椅子、小床、小飞机、小汽车等等，使他有初步构造玩具的能力。我常见乡间的小孩子在野外三五成群地在那里玩弄烂泥，把烂泥做成糕饼请客人。西洋的小孩子到夏天常在海边玩沙。可见不论中西小孩子他们对于泥沙都是非常喜欢玩弄的。不过普通的沙泥太脏了，我们应当为小孩子购置相当的设备和洁净的沙泥、黏土，使他们从玩弄沙泥、黏土里可以得到一些初步制作模型的技能。

小孩子到了八九岁的时候，我们可以教他玩玩水枪，玩玩弓箭，还可以教他自己用竹筒或纸筒和线来做成极简单极简陋的电话。更可以拿磁石或磁针教他们做各种有趣味的把戏。再大一些的小孩子，就可以教他们怎样做电铃，怎样自己来做无线电收音机。小孩子最喜欢自己做成他自己心爱的事物。所以我们从小就给他关于科学上各种活动的机会和设备，使小孩子有适当的科学环境，以发展他关于科学的技能和兴趣。

四、艺术的环境

（一）音乐的环境

父母能够随时随地唱唱吹吹，使家庭里充满了音乐的空气，这样小孩子不知不觉也喜欢音乐了。倘使家庭中有乐器设备，如无线电、留声机、风琴、钢琴、提琴、笙、箫、笛等，那就更好。总之，小孩子应有音乐的环境。小孩子学音乐，要从小学的，世界上的音乐家，可以说没有一个不是从小学起的，就是普通的小孩子，要学音乐，也必须从小学起；大时学起来，是学不好的。我现在以个人的经验做一个例子：

我的大女儿秀霞，从小就有音乐的环境，到了 7 岁时候，她就开始学弹琴。学弹琴耳朵是很要紧的，耳朵不能辨别琴音，琴是学不好的，但是我们不晓得秀霞能不能够辨别琴音。

钢琴上的音乐有两种：一种是绝对的，一种是相对的。所谓绝对的，就是在琴上不论哪一个音，一弹就听得出；相对的是刚听了 c 音或 f 音，再弹别的音，这个音他能听得出来。相对的音容易听，绝对的音很难听出来的。

有一天，我到秀霞的音乐老师的家里去玩，看见她的 6 岁的女孩子光光，会听绝对的音了。我想音乐家的小孩子，大概从父母那里得着了相当的遗传，所以会听绝对的音，没有什么奇怪。但是，秀霞对于声音的辨别有没有遗传呢？我想是没有的，因为我和她母亲对于音乐是不行的。所以我一回到家里，就开始教她听 c、f、e 的音。我先教她闭了眼睛猜猜看，在半小时内，猜了 20 次，她就能把琴的 c、f、e 三个音，差不多都能辨别出来了。从那天起，我就再教她听音，过了一个星期，在中央 c 的音程内的音，都能听出来了。过了两个月，在三个音程内的 c、f、e 三个音，弹两个音，三个音，五个音，甚至于七个音，她都能辨别出来。这个小小的试验，虽然不能说出重大的原理，但是可以说小孩子的听觉，是可以从小训练的。

（二）图画的环境

小孩子从小就喜欢图画的，我们做父母的不晓得怎样去教他，反而常常把他画图的兴趣打消了，摧残了。有时候，小孩子要画图，他就拿了木炭或毛笔在墙壁上或桌椅上乱涂，做父母的看见了，就要骂他、打他。这样一来，小孩子就不敢尝试了。其实这种现象是给做父母的一个很好的机会。墙壁上是不应画的，桌椅上是不应画的，这是我们都承认的，但是他的图画兴趣，我们是不应该摧残的。我们可以给他几张纸，几支蜡笔，一支毛笔或一支铅笔，好好地教他画，他就可以发表他的意思，得着相当的快乐；将来他或许变成一个艺术家，也未可知。

（三）审美的环境

在家庭里面，墙壁上的布置，桌子上的摆设，都应该有种审美的意味；甚至房间里的各种用品衣服等等，都应当放得整整齐齐，不应该随便乱摊乱挂。审美的观念，不到1岁的小孩子已经有了，就是三四个月的小孩子，看见红绿可爱的东西，也就显出快乐的样子。假使房间里的装饰布置，都是杂乱无章的，小孩子不知不觉也会犯这种毛病。反过来说，家庭里有较好的布置，有审美的意味，小孩子也就不知不觉受到审美的影响，养成一种审美的习惯。

五、阅读的环境

在外国不少地方，看书的环境，到处皆然。在火车上、电车上、轮船上，差不多个个人不是看书，就是阅报。有一次我经过东京，看见黄包车夫在没有生意的时候，也看报纸。拉我的车夫告诉我："现在上海霍乱很厉害。"他说是从英文报上看来的。一个黄包车夫竟然也爱看报，这种习惯多么好！这种习惯，影响着小孩子多么大！试问我们中国的家庭怎么样？我们的社会怎么样？没读过书的固然可以不说，但是读过书的，又怎么样呢？不少受过教育的男女出了学校之后，对于看书，也都没有大的兴味，好像书是属于学校的，于本身的职业，于本身的修养，于本身的娱乐，是没有多大关系的。实在要叹有许多人对于世界大事的认识程度是非常浅陋的，就是对于国内的事，也不甚关心，什么各种科学上的新发明，史地上的新发现，都置若罔闻。这种环境，怎样能引起小孩子喜欢看书阅报呢？

所以，要小孩子喜欢阅读，我们的家庭，我们的社会，必定要先有阅读的环境。在家庭里，做父母的，自己一天之间，总要看看书，看看报；对于小孩子，我们也应当买给他各种相当的儿童读物。开始的时候，做父母的还应当好好地指导他，引起他的兴趣，使他喜欢阅读哩。

（本文原载《东方杂志》1935 年 10 月 1 日第三十二卷第十九号，《家庭教育》1947 年再版时作为增补的一章。）

参考书目

1. Baker, E. D. : *Parenthood and Child Nurture*, MacMillan Co. , 1922.

2. Cabot, E. L. : *Seven Ages of Childhood*, Houghton Mifflin Co. , 1921.

3. Cope, H. F. : *The Parent and the Child*, George H. Doran Co. , 1921.

4. Beery, R. C. : *Practical Child Training*, 4 books.

5. Bruce, H. A. : *Psychology and Parenthood*, Dodd, Mead & Co. , 1915.

6. Clark, H. B. : *Mother's Problems*, The Judson Press, 1922.

7. Drummond, Margaret: *Five Years Old and Thereabout*, Edward Arnold, London, 1921.

8. Forbush, Wm. Byron: *Child Study and Child Training*, Charles Scribner's Sons, 1915.

9. Forbush, Wm. Byron: *The Government of Children between Six and Twelve*, Abington Press, 1923.

10. Forbush, Wm. Byron: *The Boy Problem in the Home*, Pilgrim Press, 1915.

11. Griffith, J. P. Crozer: *The Care of Baby*, Sixth Edition, W. B. Saunders Co. , Phila.

12. Griggs, E. H. : *Moral Education*

13. Groszmann, M. P. E. : *A Parent's Manual*, Century Co. , 1923.

14. Gruenbery, S. M. : *Your Child Today and Tomorrow*, Lippincott.

15. Harrison, Elizabeth: *The Unseen Side of Child Life*, MacMillan Co. , 1922.

16. Hartshorne, Hugh: *Childhood and Character*, Pilgrim Press, 1919.

17. Haviland, Mary S. : *Character and Training in Childhood*, Small, Maynard & Co. , 1921.

18. Key, Allen: *The Education of the Child*

19. Liber, B. : *The Child and the Home*, Rational Living, 61 Hamilton Place, New York, 1923.

20. Lynch, Ella F. : *Bookles s Lessons for the Mothers*, MacMillan Co. , 1922.

21. MacKeener, Wm. A. : *Training of the Boy*, MacMillan Co. , 1915.

22. MacKeener, Wm. A. : *Training of the Girl*, MacMillan Co. , 1914.

23. MacKinder, I. M. : *Individual Work in Infant's Schools*, Educational Publishing Co. , London, 1923.

24. Patri, Angelo: *Child Training*, D. Appleton Co. , 1922.

25. Ramsey, W. R. : *Infancy and Childhood*, J. M. Dent & Sons, London, 1916.

26. Read, Mary L. : *The Mothercraft Manual*, Little Brown & Co. , 1919.

27. Sneath and Dodge: *Moral Training in the School and Home*, MacMillan Co. , 1914.

28. Scott, M. F. : *Meeting Your Child's Problem*, Little, Brown & Co. , 1922.

29. Stoner, Winifred S. : *Natural Education*, Bobbs—Merrill Co. , 1914.

30. Stoner, Winifred, S.：*Manual of Natural Education*，Bobbs—Merrill Co.，1916.

31. Terman, Lewis M.：*The Hygiene of the Child*，Houghton Mifflin Co.，1914.

32. Waddle, C. W.：*An Introduction to Child Psychology*，Houghton Mifflin Co.，1918.

33. White, Wm. A.：*The Mental Hygiene of Childhood*，Little, Brown & Co.，1923.

34. Bruce and Wiener：*The Education of Karl Witte*

35. Maccarthy, F. H.：*Healthy Child from Two to Seven*，MacMillan Co.，1922.

36. Martin and Dr. Gruchy：*Mental Training for Pre-school Age Child*，Wagner, Harr, 1923.

37. Kamun, M. E. *Pre-school Age*，Little Brown & Co.，1925.

38. Smith, R. M.：*From Infancy to Childhood*，Little Brown & Co.，1925.

39. Smith, N. A.：*The Home-made Kindergarten*

40. *The American Home Series*，edited by Norman E. Richardson Abingdon Press，New York.

现已出了三四十种，所讨论的都是关于家庭教育的重要问题，凡研究家庭教育者，不可不读。

41. 王詧译：《宁馨儿》，中华书局，民国十年十二月出版

42. 王詧编译：《儿童鉴》，民国九年再版

43. 戈朋云：《家庭教育必要》，民国三年十月出版

44. 陈鸿壁译：《儿童之训练》，商务印书馆

附　录

儿童教育的根本问题

（1934 年）

儿童教育，的确是现今社会上一个很重大的问题。现在的儿童，就是未来的主人。社会的进化、国家的繁荣，要看这些未来主人的品格才智如何而定。培养这些主人的品格才智，端赖优良的儿童教育，那么儿童教育的重要，自然不用再说了。

儿童教育，既然这等重要，我们实施儿童教育的时候，究竟应当从什么地方着手进行？照我个人看来，关于儿童教育的根本问题，可分作两层来讲。

一、健康和发育

健康是事业之母，这是谁都承认的，如果身体不好，就是有了满腹才能，也不能做出什么事业来，所以讲到儿童教育，健康和发育就是第一个根本问题。关于这个问题，可分作心理和生理的两方面来讲。

（一）心理的健康和发育。儿童的脑筋，原是纯洁无瑕的，我们教导纯洁无瑕的儿童，就是要教他们吸收一切有益的印象，发展合理的思想和思考的能力，摒除一切不好的印象，避免差误的思想和无谓的恐惧。所以在积极方面，要利用他们的好奇心，引导他们去研究他们的环境，教导他们自己去探索各种事物的原理，借此获得正常的经验，组织准确的想象。消极方面，第一是多给他们自动和发问的机会，增加他们的自信力和探索的兴趣。凡百事情，做父母和教师的切不可一手包办，或横加干涉，应当从旁观察，相机指导。第二是切不可恐吓他们，使他们发生无谓的恐惧，脑筋里无端地印入一种恐惧的印象。譬如禁止儿童哭泣，就说："暗地里有妖怪要来捉你。"禁止儿童外出，就说："外边有老虎要来吃你。"这种无意识的恫吓，大有妨害于儿童心理的健全，抚育儿童的须引为大戒。第三是要以身作则。凡一举一动，都要作儿童的模范，因为儿童的脑筋是纯洁的，而且又是富于模仿性的，看到好的举动，无形之中，就得到好的印象，看到不良举动，无形之中，就得到坏的印象，所谓"习于善则善，习于恶则恶"。这是不磨之论，负有教育儿童的责任的，都应当随时警惕，处处留意，庶几儿童的心理，可以健全地发展。

（二）生理的健康和发育。关于身体的健康和发育，可以分作几点来讲：

第一，是要注意饮食。"病饱不病饥"、"病从口入"，可说是卫生的至理名言。尤其是中国家庭里，对儿童的食物和成人一样，质量方面，既毫无区别，分量方面，更毫无限制。好食虽然是儿童的天性，然而儿童的肠胃和消化力是和成人大不相同的。天天吃那些不容易消化的食物，并且吃得很多很饱，那是没有不生病的，所以中国儿童在断奶以后，往往形消骨瘦，百病丛生。考其原因，大半是由于饮食不慎所致，所以切不可把成人吃的东西给儿童吃，儿童要吃宜于儿童身体的食物，并且切忌吃得过多，这事做父母的应当特别留意。

第二，是要改良服装。旧式家庭里儿童的衣服、鞋子，束缚身体，不便运动。富有之家，更加上许多金银的装饰品，锁呀，链呀，挂满在儿童身上，凭空使他们增加不少负担，也不便活动，儿童身体的发育当然受极大的影响，所以儿童的服装务须改良，以灵便舒适、宜于运动者为是。

第三，是要有儿童游戏的设备。游戏可以说是人类的天性，尤其是儿童生活的大部分，对于身体的发育有密切的关系。无论家庭、学校，对于儿童游戏，务须鼓励引导，学校里当然要有充分的游戏设备，家庭也应当量力设置游戏的设备和玩具，庶几儿童多活动的机会，增加运动的兴趣，身体方面，也就可以尽量地发展了。

（三）服务的习惯。儿童的心理和生理两方面都得到充分发展，当然是很好的，然而有了健全的身心，不能做有益公众的事情，这不但对于社会无益，或许是有害的，所以我们教育儿童，还要培养他们服务的习惯。关于这层，可以分三点来讲：

1. 不自私。自私是人类的通病，不过现在有的中国人，自私的心理似乎特别厉害些，无论对什么事情，只知有"我"，不知有"人"，这一个"我"字，横亘在头脑里，一切罪恶，就从此发生。与人共事，则争权夺利，互相倾轧；经理账款，则营私舞弊，侵吞自肥；推而至于国家的扰乱，世界的不安，无非是这一个"我"字从中作祟。所以我们教育儿童，第一先要教他们有自我牺牲的精神，扫除自私自利的心理。对于食物不要争多嫌少，对于一切玩具，不要强夺霸占，遇到这种事情，务须善事晓喻，教儿童推己及人，引起他们设身处地的思想，养成大公无私的习惯。

2. 帮助人家。家庭中间，遇到儿童能够做的事情，做父母的，就应当教儿童自己去做。不要一些小事，也斥责保姆，自己摆出少爷的架子来。学校里应当有为公众服务的组织，不过第一要教儿童认清一点，就是"纠察员"或"市长"、"局长"等名称是公众服务人员的记号，绝不是一种虚荣幌子，有这种名称就有服务公众的责任，是公众的仆役，要尽力地帮助人家，才称尽责。"非以役人乃役于人"是很好的格言。

3. 守秩序。社会是公众集团，个人在这集团中活动决不可图一己的性情。譬如人家谈话，不要去掺杂其间，人家工作不要去吵闹，人家休息的时间，不要高声谈笑，凡此种种，都要从小教育，养成这种习惯，长大了，才能确守社会秩序，做个健全优良的国民。

二、父母教育与儿童教育

（一）父母教育的重要。儿童在没有进学校之前，一天到晚最亲近的人当然就是父母，父母的言语动作，最是儿童所习见习闻的。就是进了学校之后，放学回家，还是和父母在一块，如果父母的知识习惯好，儿童早已受到好的家庭教育，再加上学校教育，自然就相得益彰。父母的知识习惯不好，那么儿童在未进学校之前，无形之中早已养成不良的习惯，学校教育就算很好，也就收效甚微了。所以讲到儿童教育，根本上还是要从父母教育讲起。

（二）母亲教育与儿童教育。父母与儿童的关系，分别地讲述起来，母亲和儿童更加亲密。因此母亲教育和儿童教育的相关度，也格外高。儿童在没有出世前 10 个月，早已受着母亲的体质和性情脾气的影响，出世以后一两年中间，无时不在母亲的怀抱，母亲的一举一动，都可以优先地影印入儿童的脑海，成为极深刻的印象。母亲如果受过良好的教育，她的习惯行动，自然也就良好，在日常生活中间她的儿童就会随时随处受到一种无形的良好教育；反而言之，如果母亲的习惯行动不好，她的儿童就随时随处受到种种不良的影响。俗语说得好，"先入为主"，"根深蒂固"，母亲教育与儿童教育的关系，也就可想而知了。

（三）女子教育与母亲教育。母亲是女子的专职，现在的女子就是未来的母亲，现在的母亲，就是从前的女子；现在一般母亲的程度，就是从前女子教育的结果；未来母亲的教育程度，全看现在女子教育的良否。我们讲儿童教育，归根结蒂还是先从女子教育说起。

女子教育的范围甚广，从幼儿园到大学，凡是教女子的都可以说是女子教育，那么女子教育，哪一个时期比较重要？照道理讲，当然是初中这一阶段。因为这个时期是女子的发育时期，女性显著，母亲的特性也日渐发达，在这时期就进行女性特征教育，教以母亲的知识技能，甚为合宜。不过以现在中国的情形而论，女子从小学毕业之后，再进中学的比较少，如果一定要到中学里才开始施行女性的教育，大多数的女子，就没有领受机会了。所以我想照中国现状而论，女子教育最重要的时期，还是在小学五六年级，况且有许多女子在这时期身体已渐渐发育，女性特征已渐渐显著，有些做父母的知识技能，不妨从此刻开始教授，各种做母亲的良好习惯，可以在此时及早养成。"教人要从小教起"，本是儿童教育的名论，儿童教育的根本，可以说在女子教育。女子教育的施行还要着重儿童时代。儿童教育与女子教育，实在是迭相为用，互为表里的。

（本文原载 1934 年 4 月 4 日上海《时事新报》庆祝儿童节特刊。）

怎样做父母

（1935 年）

　　"怎样做父母"这个问题非常之大，也非常之重要。在此地，我只能简单扼要地说几句。盖"做父母"实在要有一种专门的技能，专门的学识。这种技能，这种学识，断非在这里可以说得了的。

　　"做父母"是一桩不容易的事情。一般人太把这桩事情忽视了，太把这桩事情看得容易了。我们晓得栽花有了栽花的学识技能，花才能栽得好。养蜂有了养蜂的学识技能，蜂才能养得好。育蚕有了育蚕的学识技能，蚕才能育得好。甚至养牛、养猪、养羊、养马、养鱼、养鸟莫不都要有专门的学识技能。而一般人对于他自己的儿女反不若养鸡、养蜂、养牛、养猪来看得重要。我们只要是一个人就好像都有资格可以教养儿童的。至于怎样教养，怎样培育，事先既毫无准备，事后更不加研究，好像儿童的价值不及一只猪，一只羊。这种情形在中国非常普遍，司空见惯。我愿普天下做父母的，在未做父母之前，应当自问他有没有研究过怎样教养他未来的儿童，自问他自己应当有什么资格才配做父亲，应当有什么资格才配做母亲。对于儿童的生理，对于儿童的心理，在既做了父母之后，自问是否有相当的研究，相当的了解。我们应当如何以身作则，做小孩子的模范，如何教育儿童，做一个有益于社会的分子。现在根据个人的一些经验，对于做父母的条件，约举如后：

一、要以身作则

　　这句话是非常重要的。我们晓得小孩子生来是很好的，也是无知无识的。父母怎样做，他就怎样学。做父母的一举一动都直接或间接影响小孩子。所以做父母的是怎样的一种人，他们的小孩子大概也做怎样的一种人。不过小孩子的环境不限制于父母的一举一动。他当然也受到各种环境的影响。但是父母的影响比任何影响来得大。父母喜欢喝酒，小孩子大概也喜欢喝酒。父母喜欢吸烟，小孩子大概也喜欢吸烟。父母说话吞吞吐吐，或者有条有理、清清楚楚，小孩子说话也不知不觉地像父母一样。总之做父母的行为好，做小孩子的行为大概也是好的。反过来说，做父母的行为坏，他小孩子的行为大概也是坏的。所以做父母的教养子女第一条原则，就是要尊重"以身作则"这条原则。对于这条原则，凡做父母的，说起来，大概都能明了，实际上一般做父母的能确守奉行的恐怕十无二三。

二、要研究儿童的生理与心理

要教养儿童，我们非要懂得儿童的生理和心理不可。在上面已经说过养鸡、养蜂都要有专门的学识和技能。现在我们教养儿童必须要研究儿童的身体如何发育，儿童的心理如何发展，儿童的知识如何获得，儿童的人格如何培养，这种种问题要在未做父母之前应当有初步的研究；既做父母之后，应当继续不断地注意。

教养儿童实在是桩极难的事情。有许多小孩子教养得不好，这不是小孩子的过失，完全是父母的过失。即使小孩子的先天不足，神经缺陷，这也是父母的过失。但是，一般做父母的并不事先研究，及待小孩子一有问题时，就把小孩子做一个试验品，做一个牺牲品。所谓试验品并不是拿科学的方法去试验，例如小孩子生病了，不晓得事先预防；有病的时候，不晓得怎样处理；结果小孩子就给他牺牲了。还有一种父母因为太溺爱小孩子，反而害了小孩子的。如从前有一个母亲恐怕她的小孩子受冷，所以给她的小孩子衣服穿得很多，小孩子本来没有病的，因为衣服穿得太多倒生了伤风病。又有一个母亲希望小孩子吃得多，吃得好，天天给他吃大鱼大肉，结果小孩子肠胃不胜消化工作，生下大病来。像这种违反养育的原理，做父母的并不事先去研究，以致小孩子蒙受莫大的损害，岂不冤枉。

儿童的心理也是很复杂的。能了解儿童的心理才可以施行相当的教育。从前在瑞士有一个小孩子，偷了先生的一只表。据这个孩子的意思，偷表是表示他一种反抗的意旨。当初全校的师生，因为他功课不好，都羞辱他，称他"笨牛"，他想学校里的功课他都不及别人，但偷表的妙技，是别人所不能做的，也就是别人不及他的地方，所以他就以偷表的动作来战胜一切，表示他自己不可屈服的精神。

这个小孩子后来由儿童心理学教授带到一个乡村学校里去读书。不久这个小孩子不是"笨牛"了。他居然在学校里有很好的成绩，小学毕业升入农业学校，现在听说在农业学校也毕业了。

试问这个孩子当初他受到全校师生的羞辱，称他为"笨牛"。倘使他没有偷表的举动，反抗的能力，便得不着那位心理学教授的指导，这个小孩子到今天早已脱离学校生活，成为流浪儿童了。

对各样的小孩子，我们应当用各样不同的方法去教育。顽皮的小孩子我们不应当讥笑他，我们应当鼓励他。愚笨的小孩子，我们不应当羞辱他，我们应当体谅他、帮助他。要晓得所谓"顽皮愚笨"的小孩子，我们要问他是不是真正顽皮，真正愚笨。有时候小孩子何尝顽皮，何尝愚笨。这都是教师教导的不得法，或者是父母教养不得法而已。我们大概记得爱迪生幼时读书，教师说他非常愚笨，非常顽皮。他问先生为什么二加二等于四，先生反说他是有意捣蛋。读了3个月，先生就请他回家。类似这种情形，在学校和家庭里可以说是屡见不鲜。我敢说小孩子一点不笨，一点不顽皮。这实在是父母的笨，教师的笨。他们不懂怎样教小孩，他们不明了小孩子的心理。

听说一位美国大学教授对于学校的训育有一种特别见解。若他的小孩子的品行分数在90分以上就要加以严斥，若品行分数渐减到60分反而加以奖励。我当时听了很怀疑，过后想想觉得他这种教法很有深意。他要他的小孩子顽皮，他要他的小孩子强壮活泼，他视学校里训育的办法无非是束缚儿童的自由，戕害儿童的天性，养成循规蹈矩、平凡驯服、庸弱的儿童而已。这位教授处理教导的方法，确有很深奥的意思。我们现在不要一般顺民式的儿童。我们要有勇敢、进取、合作、有思想、肯服务社会的儿童。我们应根据儿童的心理来培养儿童。

三、不要自信太深

一般做父母的在家里好像是"皇帝"。无论发生了什么问题的时候，父母总是对的，错的总是小孩子。其实错的，大概是父母，小孩子可说没有不对的。我们看一桩事，不能单看一事的表面，我们应当考察事的究竟。有一个小孩子，一天放学回家和同学经过一所桃园。桃树上满结着又红又大的桃子，有的同学爬上墙围，偷摘桃子，那时园丁看见了，就拼命出来追赶。某小孩子自以为没有进去偷吃，无逃避之必要，所以不逃，园丁反而把他一把捉住，送到他家里。他的父亲不问情由，举起拳头，一顿痛打。即使这个小孩子也参加偷桃，做父母的也要问声为什么他的小孩要偷吃桃子，平日有没有买桃子给他吃；倘使没有，那小孩子偷桃子吃情有可原，错处不在小孩子偷桃，而在父母不买桃子给小孩子吃；再进一步说，即使做父母的买了桃子给他吃，而他还要偷桃子，那时候我们究竟应不应当打他，也要考虑考虑。要晓得在家里吃的桃子，绝对没有新从树上摘下的桃子来得好吃，尤其在树上自己摘下的桃子格外好吃。所以在这种情形之下，我们或者带了孩子们到那个桃园里，向园丁购买使小孩子自己采摘。这是我们从儿童本身着想，从体贴儿童的心理着想。

四、不要迁怒

大凡是一个人，都是有喜怒哀乐的。有了喜怒哀乐，做父母的在家庭里最容易迁怒到小孩子身上去。在快乐的时候，对于他的子女非常和善；在发怒的时候，就要迁怒于他的小孩子。有一次夫妇口角，到了晚上，一个 7 岁的小孩子向妈妈要饭吃。他妈妈正在发怒的时候，就拿起他父亲的鞋子，打小孩子的脸，打得小孩子大哭不止。晚饭吃后，这个小孩子就发热，热得很厉害。3 天之后，这个小孩子因为受惊太甚，竟一命呜呼了。这种迁怒的事实，可以说，没有一个父母不犯的。小孩子没有抵抗的能力，父母在小孩子的身上出气，是最容易的。你自己喜怒无常，小孩子却跟着你受晦气。这是我们做父母的应当深以为戒的。

五、要小孩子每天做件好事

普通一般人家的父母，对于他们的小孩子非常溺爱。家中一切事情，即使子女们能够做的，做父母的也不肯让他们自己去做。在有钱人家里，小孩子可说是养尊处优，在家中很少有帮助人的机会；做父母的只知道怎样的使他们的小孩子吃得好、穿得好、长得好，只顾到儿童本身的享受，而没有顾到去培养儿童的人格。要培养儿童的人格，我们一定要他去帮助人，使人得着快乐。这一点，一般做父母的都没有想到，只知使小孩子快乐而不知如何教小孩子使别人快乐。如看见贫苦的人家，做父母的应当时时鼓励儿童去帮助他们、怜惜他们。有时在家庭里做父母的自己要人帮助的时候，也不教儿童来帮助自己，反而自己吃苦。这种"吃苦"精神固然是很好，可以发展自己的人格，不过太不顾到他们的子女了，所谓爱之适足以害之。所以凡是小孩子可以做的事，不妨教他们自己做；凡是小孩子可以帮助别人的事，不妨教他去帮助人。不要太溺爱儿童，不要使儿童安逸，而要使儿童如何得到真正的快乐。

上面所讲的几条原则，对于做父母的非常重要，愿共勉之。

（本文原载《教育杂志》1935 年第二十五卷第十二号。）

怎样做父母

（1937 年）

　　做父母的，要想把孩子养得好，在未做父母之前，应该问问自己：是否懂得养孩子的方法？有什么资格做孩子的父亲或母亲？怎样养育孩子，使得孩子身心两方面都充分而又正当地发育？这些，都该弄得明白，才配做孩子的父亲或母亲。现在根据我十数年来的经验，把怎样做父母的道理和各位谈谈。

　　第一，做父母的必须晓得孩子的身体是怎样的状态。

　　（一）孩子的躯干。一二岁的小孩子，他的躯干，与他全身的高度作比例，比我们成人要长些，四肢反而短得多。所以孩子站得久了，很容易变成歪腿以及足背弯曲等病。做父母的，要设法多给孩子坐着游戏的机会，减少两腿支持躯干重量的疲劳。最好准备摇椅、三轮脚踏车这一类游戏器具给孩子玩，还要在走廊、花园等处，安置几只矮的凳子，孩子们玩得倦了，可以坐下来休息休息，这对于孩子的身体很有益。

　　（二）孩子的心脏。我们知道小孩子的心脏，比成人跳动得快，所以小孩子如做长久剧烈的运动，很容易发生危险。做父母的应该留心孩子游戏的情形，如果孩子玩得气喘吁吁的，要设法劝他去休息，或是引导他做别的玩意。比如带领孩子到草地上玩，让他躺在草地上，或在草地上爬，都可以的。

　　（三）孩子的消化力。小孩子的消化力很弱，吃东西又不会细细地咀嚼。做父母的，要注意孩子的饮食，要选择容易消化的食物给孩子吃；还要留心适当的分量，每日三餐以外，最好少吃零食。这几点关于身体方面的状况，和我们成人完全两样，做父母的要认识清楚，才能使孩子得到适宜的养护。

第二，做父母的必须晓得孩子的心理是怎样发展的。

（一）孩子是好游戏的。三四岁大的孩子，在家庭里喜欢把椅子推来推去地玩，有时还要和弟妹等把椅子抬来抬去地玩；拿到一根木棒，或是一根竹竿，就要这里敲敲，那里敲敲，有时还要背着当枪放。所以小孩子是以游戏为生命的，游戏还需玩具来帮助。做父母的，应该为孩子备些良好的玩具，使孩子得着充分的游戏，强健他们的身体，使他们的心境快乐。

（二）孩子是好奇的。五六个月大的婴孩，一听见声音，就要转头去寻，一看见东西，就要伸手去拿。到了四五岁，他的好奇动作格外多了。看见路上汽车来了，总要停住脚看看；听见外面的锣声鼓声响了，总要跑出去看看；看见一块冰，总要伸手去摸摸；遇到不懂的事，总要问个明白。做父母的应该让他去看，去摸，还要答复他所问的话。这样，孩子才能知道汽车是什么东西，锣鼓场里玩的什么把戏，冰是怎样冷，如是就可获得许多关于日常生活的知识。

（三）孩子是好群的。小孩子喜欢和许多人在一起玩，如果叫他离开同伴，他就要哭。两岁的小孩，就要和同伴游玩，到了五六岁，这个好群心发展得更加强了，假如此时没有伴侣游玩，他一定会觉得孤苦不堪了。做父母的要引导孩子，常和弟妹等在一起游戏，倘有邻家的孩子跑来游玩，父母要表示欢迎。倘若他们在一起造房子、造桥，或是排队做小兵，父母们见了，要说两声好，鼓励他们成功。因为这种活动，一定要互助、合作，才能玩得满意。互助、合作，乃是人类生活上最重要的条件。

（四）孩子是喜欢野外生活的。小孩子都喜欢野外生活，到门外去就高兴，终日在家里就不高兴。有许多孩子在家里哭的原因虽然很多，但是不能到外面去看看玩玩，也是一大原因。做父母的应该在空闲的时候带着孩子到外面去游玩，让他们在旷野里跑来跑去，看看草木的样子，看看飞禽走兽的形状，看看天空的颜色，采采野花，抛抛石子，这种野外的游玩，对于小孩子的身体、知识、行为都有很好的影响。

上面所说的这几点，都是小孩子心理上的表现，做父母的一定要了解，而且要依照这些表现的情形去教育，才能收到良好的效果。

第三，做父母的必须明白爱小孩子的方法。

做父母的没有不爱自己的小孩的，可是爱的方法，很容易弄错。有些父母，看见孩子乱翻东西，或是吵闹不听话，就去打他、骂他。有些父母，不懂得孩子生理和心理的状况，往往因为自己的成见，把孩子管束得像囚犯一样。于是什么残忍、暴躁等恶性，也随之增长了。轮到他做父母时，不知不觉地，便把他自己以前从父母处学得的方法，又教给自己的孩子，以致一代一代地受到恶劣的影响。

父母爱小孩的真正方法，要顾到小孩的需要。比如：

（一）孩子会自己吃饭，做父母的应该让他自己吃，不要嚼烂了喂他；并且要购置一套桌子、凳子、碗、碟等适合孩子的吃饭用具，不要叫孩子站在椅子上或在椅子上放小凳子给孩子坐着吃饭，这是很不妥的。

（二）孩子穿的衣服，应该顾到孩子所喜欢的颜色和式样，只要穿得舒服而且寒暖适度就行了。不要给他穿着我们成人式的长袍马褂，高领大袖，妨碍他的奔跑，使孩子感到不方便。

（三）孩子睡觉，应该让他单独地睡在小床上，不要和父母同睡一床，而且小孩子的睡觉时间，至少要在 10 小时以上，我们成人睡觉时间，至多不过 8 小时就够了，这一点做父母的要特别注意。

（四）父母带着孩子出去游玩，应该让他自由地跑跳、歌唱，切勿牵着孩子的手。

（五）家庭一切设备，如门上的拉手、窗口的插销以及面盆、手巾等都应该顾到小孩子的使用。

父母爱小孩，应该根据上面所举的例，施行合理的爱，才可以免去错爱。但还有一种情形，就是溺爱，也是不妥当的。有些父母把孩子当作宝贝，孩子要怎样便怎样，一天到晚不住嘴地吃东西，父母不加禁止，也不让孩子勤劳一点，活动一点，逼着孩子坐着，文文雅雅地读书、写字，日久，孩子因为没有活动，感觉痛苦，看见书本就害怕，不独知识没有长进，身体也日渐瘦弱了。父母本是爱子女的，但结果父母反害了子女了。所以错爱固然不妥，溺爱更加不妥。爱，一定要明白爱的方法，才能把小孩养得好，教得好。

第四，做父母的要改正自己错误的观念。父母对于小孩子的观念有什么错误呢？比如：

（一）小孩是一个小人。因为父母把小孩看成一个雏形的成人，要缩短他当小孩的时期，使他早点成为一个大人，好做大人的事，于是小孩的地位，就根本抹煞了，小孩的利益也就被人忽略了。

（二）小孩是父母的财产。俗语说："积谷防饥，养儿防老。"可见为父母的是已经把儿女当作资产看待了。父母如今在儿女身上用的钱，比如在商业上放出的投资，将来还要生利息，可以收回来的。这样一来，小孩子便成为父母的附属品，而失去了他们的独立人格了。

（三）小孩子是错的，父母是对的。常言说："天下无不是的父母。"可见得一切的理，都是父母的；一切的错，都是儿女的了。可是我们若仔细研究一番，拿合理的眼光看过去，在普通情形之下，小孩子大都是对的，父母大都是错的。小孩子虽然有时发生错误，那错误也大概是父母的错误所引起来的。

我们现在要改正上面三种错误的观念：第一，要把小孩看作小孩，不可妄想缩短他做小孩的时期，不可剥夺他在小孩时期应该享受的权利。第二，要尊重小孩的人格，不可把他当作资产看待。自私的爱，算不得真爱，惟独不自私的爱，才能算得真爱。要知道教养儿女，乃是父母应尽的责任，你能培植小孩，那便是为国家尽忠，为人类服务。第三，要打破自己的成见，遇见什么问题发生，应该虚心研究，是否孩子的错。就是孩子的错，也是自己的错，不可冤枉孩子。

除了上面三种错误的观念外，父母们又时常在行动上犯两种错误：

（一）父母们一有不睦，当着孩子的面，便争吵起来，甚而有时动武，这样，便在儿童脑海中留下极不好的印象。

（二）父亲或母亲心中有什么不高兴，而又不便与家人冲突，便拿小孩子出气，以发泄胸中的郁闷，这样，小孩就痛苦极了。

怎样改正这两种错误的行动呢？第一，父母最好不要彼此吵闹，倘若必须吵闹胸中才觉得舒服的话，那么最好的方法，便是关起门来，在自己卧室内吵闹一番了事，千万不要给孩子们看见、听见。第二，父亲或母亲如若心中有什么不高兴的事，最好以弹琴、唱歌来消遣，或到外面去散步、游泳，也可以消释闷气，切勿在孩子身上出气；当着孩子的面拍桌子打板凳，也是不可以的。第三，做父母的要以身作则。这一项非常重要。我们知道小孩子生来都是好的，生来都是无知无识的，父母怎样做，小孩子就怎样学。做父母的一举一动，都直接间接影响小孩子的。所以父母是怎样一种人，他们的孩子大概也是怎样一种人。不过小孩子的环境不限于父母的一举一动，也要受到种种环境的影响。但是父母的影响比任何影响来得快。总之，做父母的行为好，小孩子的行为大概也是好的。反过来说，做父母的行为坏，他的小孩子的行为大概也是坏的。所以父母教养儿女，一定要以身作则。诸位听众，对于这句话，大概都能明了，可是实际上一般做父母的能确守奉行的，恐怕十无二三。

总而言之，做父母不是一件容易的事，实在负有极重大的责任，惟有能好好教养儿女的人，才配得上做父母的资格。假如拿孩子做了试验品、牺牲品，那真对不起孩子。我希望做父母的人，留心我今天所说的话，教养好自己的孩子，不独孩子得到幸福，父母得到安慰，就是社会、国家也要受到不少的利益呢！

（本文是作者的一次播音讲话，发表于上海《播音教育月刊》1937年第一卷第五期。）

怎样教小孩

（1937 年）

　　各位听众，今天我讲的题目是"怎样教小孩"。教小孩有教小孩的方法，照方法去教，才能教得好，不照方法去教，自然是没有好结果的。现在把我十多年来教小孩的经验，指出最重要的几点，讲给各位听听。

一、教小孩的方法

　　第一，要从小教起。小孩子在小的时候，顶容易感受外界的刺激，几天大的小孩子，倘使他哭了，你去抱抱他、摇摇他，不上一星期，他就非你抱他、摇他不可了，到了五六岁，什么言语的基础，差不多已经打好了，什么做人的习惯，差不多已经养成了。从前有一个人，带了他的 3 岁孩子，去见一位哲学家，说："这是我的孩子，今天带来请你教导他，想你定能教得很好的。"哲学家问他说："你的孩子今年多大了？"他回答说："今年只有 3 岁。"哲学家叹口气说："你送来太迟了。"这位哲学家很有点道理，他很知道儿童的心理，知道小孩子是要从小教的。

　　第二，开始要教得好。开始教小孩，就要教得好。倘若开始教不好，后来很不容易好的。从前有一位琴师，出了一张招生广告，说："未学过琴的，学费 1 元；已经学过的 2 元。"这张广告使得许多人怀疑，以为学过琴的已经懂得一点，教起来比较未曾学过的来得容易，学费也应当便宜些，现在不但不便宜，而且要贵 1 元，究竟是什么缘故呢？这许多话被琴师听见了，他就对人说："未曾学过琴的不会弹琴罢了，没有什么病根的。至于已经学过琴的，不但不会弹琴，而且学了许多弊病，我现在要教好他，非先去改掉他的病根不可。比较未学过的又多一层困难，所以学费也应当贵一倍。"所以小孩子开始受教育的时候，就要教得好，如果教得不好，就不但无益反而有害了。

第三，注重游戏。小孩子是喜欢游戏的，用游戏的方法教小孩子，最容易收效，并且可以减少许多痛苦和麻烦。有一回，我家的孩子，把书摊在地板上，做买卖游戏；不久，快要吃饭了，我一再叫他把书收起来，他总是不肯，我就把书一本本地堆起来，堆的时候，我就"嗨荷"、"嗨荷"地喊着。他听了这种"嗨荷"的声音，触动他以前搬东西的经验，他就高兴地帮着收拾了。我一本本地把书堆起来，他一堆堆地把书搬到书架上去。一会儿，把地上的书，都收拾起来了。如不用这种游戏式的方法，那恐怕是不会有效的。所以做父母的教育自己的儿女，一定要多用游戏的方法。

第四，代替法。小孩子如有不好的行为，做父母的可以用好的行为去代替它。有一回，我看见一个1岁大的小孩子，他要去拿扇子玩。他的母亲恐怕他把扇子扯破，立刻拿一个彩色的摇铃给他，他就来拿摇铃，不顾那把扇子了。倘使他的母亲，不用摇铃来代替，只是禁止他拿扇子，那他恐怕要吵要哭了。这样看来，代替法可以免除许多的麻烦，也可以使得小孩子乐于听从你的命令。我常常看见有些小孩子很顽皮，东吵西闹，弄得全家不安，其实并不是小孩子生性好顽皮，实在因为他没有东西玩。有一天早晨，我的小孩子在床上乱跳，和他的小妹妹瞎吵瞎闹，我看见他们快要闯祸了，就对他们说："你要听《西游记》吗?"他们一听见我讲《西游记》，立刻就不吵了，原来《西游记》是他们喜欢听的。他们所以要吵闹，因为没有好玩的事情做，假如我只要他们不要吵、不要闹，恐怕是不可能的，如硬要勉强他们不吵、不闹，小孩子一定感觉痛苦，不如用代替的方法，使他们乐于服从。不过有一点要注意的，有时候我们没有好的东西去代替小孩子所要的东西，只好去禁止他，即使他要哭、要吵，也不应改变我们的态度去依从小孩子。

第五，鼓励法。小孩子喜欢听好话的，穿了一件新衣裳，就要给别人看，要别人夸赞他几句。做父母的，可以利用小孩子这种心理，指导他的品性和行为。父母看见小孩做一件好的事情，就应该鼓励他几句，使他再努力学好。看见小孩做一件坏的事情，也要用积极的方法，鼓励他努力改正。有一天，我看见一个小孩讲话讲得响一点，关门关得重一点，他母亲就骂他说："你不要瞎喊！门不要瞎关！唉！你这个小孩子本来很好的，为什么现在这样子坏？你不要学某某人的样！"这孩子本来是很好的，听了他母亲的话，反而顽皮起来，真个有点学他母亲所说的那个坏小孩的样了。当时这个小孩的母亲，应当好好地对他说："好孩子，你来！你晓得某某人讲话讲得低低的，关门关得轻轻的。我知道你讲话也能讲得和他一样低，关门也能关得和他一样轻。"这样的话，那个小孩子必定喜欢听，所以积极的鼓励，比消极的刺激要好得多。

第六，注重自动。小孩子生性是好动的，几天大的小孩子，睡在床上，就能稍稍运动手足。这样好动的天性，与他的能力的发展有密切的关系。倘若做父母的事事代替他做，使他没有自动的机会，那他就不能得着经验，而能力也无从发展。我常常看见许多做母亲的，溺爱他们的子女，小孩子小的时候，总是抱在手里，使他不得自由爬行；小孩子行走的时候，偶然跌了一跤，母亲就赶快跑过去把他扶起来；小孩子的起居饮食，完全由父母代理，以致到了十来岁的小孩子，往往还事事要依赖父母。我们知道学由于做，不做是学不会的。比如教人游泳，你在陆地上讲了许多方法给他听，或者你在水中做了许多动作给他看，而不叫他自己去游泳，这个人一旦到了水里，还是要沉下去的。游泳非要他自己游不可，你替他代游，不过枉费心力，或者使你自己练习得更好一些，对于学的人毫无益处。代小孩子做事，也是这样的。有时候不但没有益处，并且还有害处，小孩不去做，就不能得着经验，能力也不能充分发展，到大了变成一个很无用的人，这种损失实在是很大的。

上面几条教小孩的方法，非常重要，要小孩子做人做得好，我们一定要用这几条方法去教育他，现在再把怎样教小孩有服从的习惯与爱人的精神，讲给各位听听。

二、教小孩服从

小孩子必须有服从的习惯，这习惯应由父母慢慢地训练起来。比如父母教小孩先洗手后吃东西，小孩就该去洗手。父母教小孩在夜里9点钟去睡觉，小孩子就得按时去睡觉。父母教小孩这样，小孩子就得这样。父母教小孩子不要那样干，小孩子就非停止不可。小孩子有了服从的习惯，才可以适应社会的生活。服从的意思，是保护小孩子增进自动的能力，做有益的活动。教小孩服从的方法，有几点可供参考。

（一）少用命令式的语气。比如教小孩子去睡觉，可对他说："你觉得疲倦吗？你要去睡觉吗？"这比用命令式的语气"快睡觉去"要好得多。因为命令他睡，他就得去睡。倘若他不睡，就难收回成命了。并且这次不服从命令，下次就更加不服从了。

（二）态度要先后一致。父母教小孩不要那样做，不管小孩怎样央求、哭泣、喧嚷也不可允许他的不合理要求。这是父母训练小孩服从的正当办法。自然小孩若有真正不服从的理由，当然可以通融；但是哭泣、央求，并不是真正的理由。倘若父母既然教小孩不要那样做，又允许他的不合理要求，让他去做，这样一来，小孩子就要轻视他的父母了。

（三）父母要同一主张。父母训练孩子，要取同一主张，倘若母亲叫小孩去睡觉，父亲决不能说："玩一会儿再睡。"这样，会使小孩无所适从。倘若父亲和母亲的主张未能一致，最好背地里商量好，再叫孩子去做，父亲和母亲不要当小孩子的面，表示两样的意见。

（四）要考察不服从的原因。小孩子有时不服从，要调查他不服从的原因。比如有时父母说的话，小孩子听不懂，父母必须重说一遍或做个样子给他看，他才服从。有时小孩要问为什么，父母要解释给他听，他才服从；但是要留心，不要养成小孩子等着重复命令的坏习惯。还有一些小孩，记忆力很弱，倘若在半小时以前，告诉他半小时以后应做的事，到了时候，他已忘记了，这也不能责备小孩不服从，因为他已不记得有这么一回事了。

此外，还有一层应该注意的，就是我们训练小孩子服从，要好好地诱导他，不可以用威胁的方法，如打骂、恐吓等，强迫他服从。因为威胁的方法，只能收效一时，不能持久，并且会使他对于不应该怕的东西也怕起来，到了夜里还会做可怕的恶梦，这比不服从还要坏。更不可用溺爱的方法，来得到小孩的服从。小孩子要什么，不管应当不应当，随便就依了他；小孩子不肯服从，不管对不对，就由了他。这样的孩子，长大了会变成一个任性的人，不能独自干一件稍难的事，这就是他的父母害了他。

三、教小孩爱人

父母应该训练小孩有爱人的精神。小时候如有爱人的精神，将来才能够爱社会、爱国家。训练的方法，约有下列几点：

（一）要能顾虑别人的安宁。顾虑别人的举动，小孩子生来是不晓得的。小孩子有好吃的东西，只知自己吃，有好穿的衣服，只知自己穿。要哭就哭，要笑就笑，并不晓得顾虑到父母、兄弟、姐妹等的安宁和幸福。做父母的，应当好好地训练孩子，使他知道顾己顾人之道。比如小弟弟睡觉的时候，做父母的可轻轻地对大的孩子说："弟弟睡了，不要作声。"父母在房里走路，也要轻轻地走。这样，常常把顾虑他人安宁的话，说给他听，并且做给他看，这个孩子，不久自然会顾虑他人的安宁的。

（二）对人要能表同情。同情行为也不是生来就有的，要在小时候，慢慢儿培养起来的。在教育好的家庭里，培养得快一点，在教育不良的家庭里，发展就要慢一点。小孩子缺少同情行为，并不是小孩子的秉性不良，实在是做父母的不去训练他的缘故。比如小孩子有病的时候，做母亲的可对他的弟弟说："哥哥今天不舒服，睡在床上很难过，你要去看看他吗？"小弟弟会要去的。母亲可再对他说："你看见了哥哥，要说：'你好吗？'"接着母亲便领小弟弟轻轻地走进去，孩子走近哥哥旁边，自然会说："你好吗？"小孩子问后，再轻轻地领他出来。这样慢慢地训练，自然能够养成孩子对人表同情。以后碰到国家社会有什么灾难，也要随时训练孩子，对于国家社会能充分地同情。

（三）对长辈要有礼貌。有些孩子不知怎样对待长辈，一见了长辈，就缩头缩脑地躲着，或者当着长辈的面，连大气也不敢出。做父母的，应该自己先对长辈行礼给孩子看，并称赞有礼貌的人，使孩子知道有礼貌的荣誉，喜欢去行礼。倘若小孩子遇见了长辈，还是不会行礼，父母可轻轻地在孩子的耳边提醒他，不要当着长辈的面，逼他去行礼，更不可当着长辈的面，骂他"饭桶"、"废物"等难听的话。因为孩子一时不留心，便受着父母的责骂，以后再遇到长辈，更不愿意去行礼了。

（四）要能帮助父母做事。父母要训练小孩子，在家庭里做点事情，如整理物件、洒扫庭院等轻便工作。有些父母，看见小孩做事，深怕他做不好，而且，嫌他做得太慢，就叫他不要做。从我们成人眼光看来，小孩子做事固然不如我们自己做得好、做得快，但从小孩子方面看来，不让他去做，他便不能得到做事的经验了，将来怎样好做人呢？

教小孩服从，教小孩爱人，这是教小孩怎样做人的最重要的习惯与精神。要想教得好，就要根据上面所说的方法，耐心去教。我们知道，小孩子不是父母的附属品，乃是国家未来的主人。小孩子教得好，不独父母得到幸福，国家也可得到人才。所以做父母的，为自己着想，为国家民族着想，都该留心怎样教小孩的方法，来教育自己的子女。

（本文是作者的一次播音讲话，发表于上海《播音教育月刊》1937年第一卷第五期。）

怎样做父母

（1943 年）

一、不要摇他

年轻的母亲们，你晓得不晓得，第一个你最容易犯的毛病是什么呢？也许你自己还不晓得。我来告诉你吧！这个毛病就是在摇篮。

你晓得小孩子是很奇怪的，生来就有一种"运动感觉"。生下来第一天你若把他抱在手里摇着，他就感觉到舒适，第二天他就要你抱他，把他摇来摇去地摇着。生下来第一天你若把他放在摇篮里摇着，第二天他就要你摇他了。一两星期之后，每次睡觉他总要你摇他，你若不摇他，他会大哭呢！我常常看见一个年轻的母亲坐在摇篮的旁边，一只脚踏在摇篮的摇轴上把摇篮"滴角落，滴角落"摇个不停，一个小孩子在摇篮里尽管闭着眼睛瞎哭瞎吵，等待小孩子哭得太疲乏而睡熟了，年轻的母亲方始停止摇动呢。

摇篮是不可以随便摇的，我想"摇篮"最好改做"睡篮"，这种睡篮只可以安睡，不可以乱摇的。

二、不要抱了睡

有的母亲有一种迷信，以为小孩子抱在手里就不会被"恶鬼"夺去了。所以做母亲的总要把她的小孩子抱在手里睡。夜里小孩子睡觉也睡在母亲的手臂上，这还有理由可说。若是白天小孩子睡觉，也是睡在他母亲的手臂里，那就是问题了，做母亲的哪里有这许多空闲的时间来抱他呢？

我的大儿子一鸣，小的时候也犯了这种毛病。他是头生儿，他的祖母非常疼爱他，他的母亲也是很宝贝他，结果他吃饱了奶，总是有人抱他睡的，不是他的母亲，就是他的祖母，有时候他的姨妈还要好玩呢，她把一鸣抱在手臂上，带唱带走一直唱到他完全进入睡乡为止。

这种坏习惯，一直到了1岁大的时候，还是牢不可破呢！有一天我决定要把这种坏习惯打破。我就不准别人抱他，把他放在床上，让他独自睡去。他不愿睡就哭起来了。他要他母亲来抱他，我不准。他母亲因为他哭得太久了，就来抱他一会，不多时就睡熟了。第二天晚上，他不吵而独自睡。到第三天晚上，他哭了一会儿，就不哭了。第四天晚上，他一点也不吵了。这是我关于第一个小孩子的宝贵经验。

第二个小孩子呢？那一点也没有问题了。她是个女孩子，生了来就独自睡在一张小小的睡床里。睡的时候，她固然睡在小床里；醒的时候，她也是睡在小床里。除了母亲喂她的时候把她抱在手臂上之外，一天到晚，她总是舒舒服服、快快乐乐睡在床里的，你晓得她这样睡了几个月呢？4个月，把后脑袋睡扁了。

年轻的母亲：小孩子生来不知道"抱了睡"的滋味儿。你若不给他尝，他是不会要求的。

三、不要点灯睡眠

"习惯成自然"这句古话是千真万确的。有的小孩子从小喜欢熄了灯光而睡的，你若把灯点着让他睡，他是睡不着的。有的小孩子从小喜欢点了灯而睡的，你若把灯熄掉，他一定会吵会闹呢！不但小孩子是如此，我晓得有很"大"的大人每天晚上非点灯不能睡眠的。

对于这个问题，我曾做了一个小小的试验。

一鸣两岁大的时候，有一种点灯睡眠的坏习惯。这种坏习惯怎样养成的呢？让我来说个明白。当他初生的时候，我们借屋住的，因为房间不够，一鸣和我们睡在一个房间里。他睡的时候，我们还没睡，灯还没有熄。这样他就要点灯睡眠了。到了他两岁的时候，我们搬到新屋子去住了。我们给他一间小房间独自睡眠。不料我们把灯熄掉叫他睡觉，他就吵起来了。过了几天我们决计要把这个坏习惯打破。那天晚上，我们先把他放在床上，再把灯熄掉。他一看见灯熄掉就大哭起来。

大约哭了 5 分钟，他母亲进去把他抱起来，他方才不哭。第二天晚上，我把灯熄了，他不哭。第三天晚上，他只哭了半分钟，到了第四天，他完全不吵了。过了不多时，那个坏习惯又发现了。他又要点灯睡觉了，那天我又把灯熄掉叫他睡，他不但不肯睡反而大哭。我们让他哭。后来他母亲因为给他哭得不耐烦，就把灯开了。第二天晚上，他睡的时候，我又把灯熄掉，他就大哭。他还要他母亲来。他母亲虽进去，但是没有开灯，他没有法也只好不哭了。

"点灯睡眠"这种习惯何以不好呢？第一，不卫生，电灯固然没有烟煤，但是耗费相当的大。油灯呢？那不但耗费而且多煤烟，人终夜吸着烟煤，于卫生未免说不过去了。第二，多危险，一不小心，油灯倒翻，房子就有遭回禄之险呢！这样看来，"点灯睡眠"是应当革除呢！

四、不要一哭就喂他

年轻的母亲，你不要一听见小孩子哭就去喂他。你知道小孩子为什么哭呢？我们应当来研究一下。小孩子的哭可以分为两大类：一类是属于生理的，一类是属于心理的。生理的哭。有哪几种呢？小孩子饿了要哭，渴了要哭，冷了要哭，热了要哭，痛了要哭，病了要哭，尿布湿了也要哭，哭是小孩子求生存的武器。不哭小孩子不能生存。所以世界上没有一个不会哭的小孩子。不过有的哭得多一点，有的哭得少一点罢了。若是小孩子养得好，他可以少哭些，也许他可以不必哭。

年轻的母亲，哭的生理原因虽然是很简单，但是有许多母亲仍旧不知道怎样解决小孩子的哭呢！我常常看见做母亲的一听见小孩子哭，就飞也似的跑过去抱他起来，喂他奶吃，管他是饿了哭呢，还是渴了哭，不管他是痛了哭呢，还是病了哭。哭固然最使人讨厌，但我们不可尽用喂奶的方法来解决小孩子的哭。

哭的心理原因究竟有多少，留待以后讲，此处从略。

五、不要怕他哭

有一天，一个两岁大的小孩子，独自在路上行走，一个不留神，被石头一绊，扑的跌了一跤，他仰起头来，前后左右看着，没有看见人来，就爬起来了。

过了几天，他在路上又跌了一跤，看见他妈妈跑来了，就张开嘴巴大哭起来。他妈妈连忙把他抱起来说："宝宝不要哭，宝宝不要哭。"他一听见妈妈叫他不要哭，反而哭得更响了。年轻的母亲，这种哭是假哭。这个小孩会作娇了，你千万不要理他。他要哭，让他哭。你倒想想看，第一次他跌了一跤，他没有看见人，就独自爬起来；第二次他跌了一跤，他看见你了，就大哭起来了；这明明是假哭，明明是作娇，你不要上他的当。你要叫他赶快爬起来，他若不肯爬，你可对他说："宝宝是个小兵丁，自己爬起来。"他听了就会爬的。若是他还不肯爬，你可对他说："忽而叫，忽而笑，两只黄狗来抬轿。一抬抬到城隍庙，扑通跌一跤，城隍菩萨看见哈哈笑。"小孩子听见没有不大笑起来的。假使这个小孩子哭得很顽固，仍旧不肯爬起来，你尽管走开去，不要理他。我想他看见你走了，一定会哭得更厉害。在这个时候，你千万不要回来。你若不回来他看见没法，只得爬起来了。

六、每晨大便

年轻的父母，你不是要你的小孩子长得顶胖顶壮吗？你知道怎样会使你的小孩子长得顶胖顶壮呢？我想有四个条件：第一，营养要好。第二，日光、空气要充足。第三，睡眠要充分。第四，排泄要舒畅。前面三个条件，将来再讨论，现在我们先来讨论第四个条件。

这个排泄问题，做父母的常常不加注意，结果，小孩子发热生病，甚至于因积便而发生其他的问题。我虽然不是医生，没有准确的数字，但照我的观察，小孩子的毛病十分之四五是因积便而来的。小孩子病了，请了医生来，医生一定会问："大便通不通？"大便假使不通，医生一定要把他弄通。

你想想看，一个人的身体好像一个竹管，下面塞住不通，上面怎样放得进去呢？况且下面所塞的东西是最脏的毒物呢！做父母的对于这个问题应当特别注意。

这个排泄动作究竟一天应当有几次呢？初生的婴儿一天有六七次，甚至每次小便时都有大便的，这是短期间的现象。小孩子大一点，排泄的次数就会减少，断奶的前后，一天只应有一次了。

什么时候最适当呢？早晨一醒来就去排泄，好像把一根竹管打得很畅通，洗得很干净，这样一来身体一定很舒适，精神一定很愉快了！

这种排泄习惯怎样养成呢？两个月大的小孩子，就应开始有这种动作了。每天早晨你喂了他之后，就把他抱着坐在一个小型便桶上（痰盂最好），今天假使把不着，明天在这个时候，你再把他抱着坐。明天假使还是把不着，后天再做，三天一来，你一定可以把得着，几天之后这个排泄习惯就能养成了。

七、不要迁就他的要挟

有一个 3 岁的小孩子，一天，看见在桌上一盘请客人吃的糖果，就不问三七二十一，伸出手来，径自去拿了，不料被爸爸看见了。爸爸说："快要吃饭了，不好吃糖。"小孩子看见他爸爸说他了，就把手缩回去，但把他的小嘴儿张开来，放声大哭了。当时他的爸爸对他很和气地说："吃饭以前，不好吃糖，一吃了糖，饭会吃不下的。"但小孩子听了，还是哭个不停。他的爸爸真不错，小孩子尽管哭，他总是不理他。他看见爸爸不理他，就哭得越响。他爸爸看见这种情形就走开去了。

小孩子看见他爸爸走开去了，更加哭得厉害。他的妈妈听得有点讨厌了，就拿了一块糖给小孩子说："小鬼，拿去吃，不要哭了！"小孩子看见糖就伸手来接了，哭声也就停止了。从此以后，他看见可吃的东西，不敢伸手来拿，总是要张着嘴儿向他妈妈哭。他妈妈听见他的哭声，总是依从他的要求，以满足他的欲望！

年轻的父母们，你们对待小孩子，应当像这个小孩子的爸爸，不应当像这个小孩子的妈妈。小孩子的爸爸是不理他的要挟。他的妈妈是太溺爱他了，太不会教小孩子了。我们要以严厉的态度来对付这种要挟。我们不要怕他哭，我们不要满足他的要挟，这才算是真正爱小孩子呢！

八、不要吓他

哭是小孩子的武器。他要这样，他要那样，你若不给他，他会哭，你若听见他哭就给他，那他以哭作要挟的工具，以哭来支配你的动作了。

年轻的母亲，小孩子的武器是哭。你也有武器吗？也有，即一"吓"，二"骂"，三"打"，可惜这三种武器都是消极的、恶毒的。受过教育的父母就不应该用，在此我们先来讨论"吓"的武器。

有时候，三四岁大的小孩子因日间受了激烈的刺激，到了夜里就大吵大哭。你问他要这样吗？他不要。你问他要那样吗？他也不要，他总是闭着眼睛尽管哭。那时候，你若不聪明的话，你会吓他说："不要哭！再哭，黑猫要来，吊死鬼要来了！"

奇怪得很，小孩子到了夜里一听见黑猫、老虎、吊死鬼，就吓得了不得，哭也不敢哭，响也不敢响了。今夜你这样吓小孩子，明晚你又那样吓小孩子，几次一来，他的胆子就变得很小了。

你的武器，"吓"总算发生效果了。可是年轻的父母，这样一来你作了很大的孽，犯了很大的罪了。"吓"是多么可怕的一种武器，你没有受过"吓"，你不知"吓"多么可怕。我曾受过一次"吓"，那也是我比较小的时候。有一天，我一个人看守一座房子。到了晚上，我听见偷儿来偷东西，就爬起来，轻轻地走到那偷儿挖进去的地方，不料走到那儿，一个偷儿看见人来了就来捉我。那时候，我是吓得不得了，连跑带喊，跑到家里，一跑到家里，躺在床上，力气也没有了，声音也没有了，"吓"真可怕呢！小孩子的心灵比我的更加幼嫩，小孩子的胆量比我的更加弱小，哪能当得起一再的惊吓呢？小孩子若从小就没有胆量，大来当然不会勇敢呢！所以年轻的父母们，千万不要吓你的小孩子。

九、不要随意骂他

真奇怪，一个 4 个月大的小孩子就能"看相"呢。你若竖起眉毛，张大眼睛，板起面孔骂他说："姆！坏孩子！"他见了你的狰狞"鬼脸"，听了你的刺耳厉声，一定会张开嘴巴放声大哭！你若松起两颊，缩小眼睛，显出笑容，很温和地对他说："小宝宝，多么乖！"他见了你的满面笑容，听了你的和言柔声，一定突出两珠，发出"克克"的笑声，手乱舞，脚乱踢，快乐不止呢！4 个月大的小孩子就会"看相"了，我们做大人的不能随便骂他呢！

有一天，一鸣还不到一足岁的时候，妈妈替他换了一双绣花的老虎头鞋子，他穿了这双鞋子，一看见了我，就在脸上显出很快乐的样子，用右手食指指着绣花鞋，用舌头舐着上颚发出"咄咄"的声音，表示他今天穿上了一双新鞋子，要我称赞他一句："好看，好看！"果然我说了一句："好看！好看！"他就很快乐了。

小孩子从小就有羞耻心的，他喜欢别人称赞他，不喜欢别人说他、骂他。我们就利用这种心理去控制他的行为。什么事，我们要他做，我们就要鼓励他；什么事，我们不要他做，我们就不赞成他做。但他的羞耻心是要逐渐培养的。倘使我们随便说他、骂他，起初他会受了相当的刺激，不过到后来，"说说骂骂"会失掉效用的。

十、不要打他

年轻的父母，你不要打小孩子，倘若要打的话，你还是先打自己。这种话，我想你听了，一定不高兴。你一定要问我："难道小孩子是好的，父母反而是坏的；小孩子是对的，父母反而是错的？小孩子不听话，应当挨打。小孩子顽皮，应当挨打。小孩不诚实，拿人家的东西，应当挨打。小孩子不肯用心做事，应当挨打。小孩子不肯用功读书，应当挨打。打是矫正这种种过失的特效药。古人说得好'棒头底下出孝子'，小孩子不打，是不成事的，也是不能成器的。哪里做父母的反而应当挨打呢？"

"打"的问题实在是很复杂的，让我来说个明白。

年轻的父母，我首先要问你："小孩子为什么不听话，为什么不诚实，为什么好顽皮，不肯用心做事，为什么不肯用功读书呢？"

你说："这是没有什么理由可讲的，都是小孩子的不是，小孩子生来很坏的，大来又看别人家坏样，变得更加坏了。"

小孩子生来都是好的，即使不好，也是父母影响他的，不是他的过失。

大来学得不好，这又是环境的影响，教育的效果。小孩子实在不负什么责任的。

（本文原载《活教育》月刊 1943 年第三卷第八期。）

怎样做父母

（1947 年）

现在你若不教导你的小孩子，将来你一定要懊悔不止呢！你听见过"咬奶头"的故事吗？我来讲给你听。

从前有一个 3 岁的孩子，到邻家去拿了一双筷子回来，他的母亲看见了非常高兴，就称赞他说："宝宝多么乖，多么能干，会拿筷子了。"

小孩子本来不知道好坏的，经他的母亲这样一称赞，他就以为拿别人家的东西是一件可称赞的事。

过了几天，他又到邻家那里偷偷地拿了几个铜钱。拿到家里，他的母亲看见了，又夸奖他说："宝宝真能干，现在会拿钱了。"

这个小孩子到了后来，看见人家的东西就顺手牵羊拿回家了。什么人家的图书，什么人家的鸡鸭，什么人家的衣服，他都会拿回家去送给他的母亲。

他的母亲非常快乐，以为从此吃用可以不愁了。

后来，这个小孩子变成一个青年了，力气大了，智力强了，胆子也大了，什么偷盗劫掠都敢做了。

但"贼久必破"，一天，这个小强盗竟被官兵捉住了。

审问之后，判处死刑。临刑时，法官问他还有什么请求。他说："只有一个请求，就是要见见我的母亲，若能见她一面，我也甘心了。"

法官就派人去请他的母亲来。他看见他母亲一到，就眼泪汪汪哭诉说："娘啊，我现在要离开这世界，不能侍奉您了。我心里非常难过，好像刀刺一样，您辛辛苦苦养了我 20 多年，我没有什么东西可以报答您。现在要离开您了，可否再让我吃一口奶做一个纪念。"

他的母亲看他这样可怜的情形，听他这种动人的请求，就解开衣襟露出胸脯让他吸，他看见奶头就低头去，一口咬住，格的一声，奶头咬落了。

他就对他母亲说："我3岁的时候，拿了人家的东西回来，你不但不打我骂我，反而鼓励我说'宝宝多乖，多能干'。假使那时你严厉地禁止我，好好地教导我，到了今天我也许成为一个有为的青年，不至于杀头了。这都是你害我的！"

亲爱的家长，亲爱的教师，这个"咬奶头"的故事你听了不觉得寒心吗？你究竟怎样教小孩子的？你有没有（患过这种）贪小利鼓励孩子作恶呢？你有没有借了人家的图书，不归还呢？你有没有借了人家的铜钱、东西不归还呢？你有没有拿了公家的东西，什么笔墨纸砚、柴米油盐、邮票桌椅供给私人用呢？你不但自己要以身作则绝对没有这种行为，还要禁止小孩子做这种不法的事情。要小孩子学得好，你先必须以身作则，自己做得好，再教小孩子做好。

你还记得孟母三迁的故事吗？我来再说一遍给你听。

儿童是喜欢模仿的。孟母当初带了孟子住在坟墓旁边，孟子天天看见有人来埋葬筑墓，也就模仿起来，做出各种埋葬筑墓等游戏。孟母感觉到这种游戏对于他儿子的影响是不好的，却并不采取干涉主义禁止他游戏，只对他说："这个地方不好住，我们还是搬到别处去好。"所以孟母把家迁移到街市上。不料孟子还是喜欢模仿。他看见街市上一般人做买卖，争钱夺利，也就模仿起来，做着生意的游戏。孟母又感觉到街市的影响非常不好，就对孟子说："这个地方也不好住，我们还是搬到别处去。"于是孟母把家迁到学校旁边。孟子还是喜欢模仿的。这里他看见学舍里的揖让进退等仪式及祖庙里的陈设俎豆等规则，也就模仿起来，做出各种游戏了。孟母见了，不觉大喜道："这个地方我们可以住了。"所以孟母带了孟子就永远住下去了。

儿童不但喜欢模仿，而且很好奇。大概正住在街市上的时候，有一天，一家店里宰猪，孟子看见了这种情形，就去问孟母："东家为什么杀猪？"孟母当时没有留心，随便说了一声："杀了猪，给你吃。"过后，她自悔失言，责备自己说："我怀这个小孩子的时候，一切都很留意，什么桌子摆得不正，我不坐，肉割得不正，我不吃，这是最好的胎教。现在他已经有点知识了，我应格外留心教他，为什么还是欺骗他，教他没有信仰，教他撒谎呢！"她就马上去买了一块肉来，做给孟子吃。这可见孟母之勇于改过，善于信守了。

孟子到了读书的年龄，有一天，突然中止，不肯诵习。那时孟母正在织布便叫他去，问他为什么中止的，随即用刀把布匹割断，指示他说："读书半途而废，便和机上的布匹中断一样，是徒劳而无功的。"孟子从那时受了这种深刻的教训以后，就努力读书了。他后来的成功，可说是完全受了母亲的影响。

亲爱的家长！你想想看，"咬奶头"的强盗与孟子究竟有什么分别呢？我想他们小的时候都很聪明，都喜欢模仿，都好奇，都不能辨别善恶。别人称赞他们，他们就高兴去做；别人责备他们，他们就不敢去做。他们都是天真烂漫、活泼可爱的儿童，所分别者，一个是贪小利不诚实无学问的母亲，一个是诚实贤良教育有方的母亲。若是易子而教，易地而居，易时而生的话，我想那位大圣大贤孟夫子也许会变成那个"咬奶头"的强盗，而那个"咬奶头"的强盗也许会变成那位大圣大贤孟夫子呢！

这样说来，我们做父母的，应知所负的责任之重，所负的使命之大了。

现在做父母的都把小孩子做试验品，做牺牲品，他们做了父母，然后再来学习做父母，好像叫没有经验的徒弟来琢一块白玉。这种牺牲岂不是冤枉吗？难怪小孩子养不活教不好了。

父母究竟要怎样做呢？这个问题非常复杂，这种学识非常重要，我想每个人都应当把这个问题研究一下。

一、以身作则

小孩子生来是无知无识的，不知什么是好，什么是坏。他一举一动可说一方面受遗传的影响；一方面受环境的约束，受教育的支配。

小的时候，环境中最重要的因素是父母，教养中的最重要因素，恐怕也是父母。

小孩子可以说是父母的镜子，怎样的父母，就在小孩子中反映出来。所谓"有其父必有其子，有其母必有其女"这话大概是对的，当然也有例外。

有一个父亲最喜欢赌博，有时候他的小孩子站在桌子边看他赌。这个小孩子开始玩，玩的时候用蚕豆作筹码。他父亲看见了，以为无关紧要，就让他玩弄。到了新年，这个小孩子居然拿出压岁钱来赌博了。他父亲以为这是新年，就让他赌博，也不禁止他。这个小孩子渐渐地长大了，赌博的兴趣渐渐儿浓厚了。今天赌，明天赌，他一天到晚喜欢赌，把家里的产业赌光。就是当初做父亲的做了一个不好的榜样给他看，不能以身作则。

这是从坏的行为方面说的，小的地方我们也要以身作则。有的父母讲话很响，措辞很粗陋，小孩子听了，不知不觉学会了；有的父母，待人没有礼貌，小孩子当然待人也没有礼貌了。

我们要小孩子怎样待我们，我们就应当怎样待小孩子。

最古怪的就是我们成人的偏见，小孩子替我们做事，好像是应当的，我们从来不谢谢他。我们做父母的送东西给小孩子，我们一定要小孩子说"谢谢！"你要小孩子说谢谢，你最好对小孩子也有礼貌。

昨天晚上，我的三女儿（14 岁）去睡的时候，对我说："爸爸！明天会。"但是今天早晨，我的小女儿（6 岁）见了我不说"爸爸，早！"我就对她说："小妹妹，早！"她听了也就说："爸爸，早！"假使我不说："小妹妹，早！"而是责备她说："小妹妹，你为什么不说早？"假使她聪明一点的话，她会反问一句："爸爸，你为什么不说早！"那我也没有话可说了。你要小孩子怎样做，你自己先要怎样做。你要小孩子怎样待人，你先得自己怎样待人。小孩子是你的镜子，你的一举一动，都在小孩子的镜子里可以反映出来的。

不仅言语行动，你要以身作则。就是你的态度，你的思想，也要以身作则。你是一个悲观的人，看事物都用悲观的眼光去看，那小孩子的态度也一定是悲观的；若是你的态度是乐观的，那小孩子的态度也会乐观的。你要以身作则，要明了儿童的心理。儿童有几种重要的心理，我们做父母的一定要明了：

（一）儿童是容易受暗示的。今年幼师附小来了一个新生，年龄很小，还不到 8 岁，能指挥歌咏，你只要告诉他这支歌的拍子，他就会指挥。他的音乐兴趣非常浓厚，指挥的时候，不仅在指挥棒上有音乐，他的全身四肢都表现出音乐来，全校儿童受他的指挥，看他的指挥，非常兴奋。从前学校里面对于音乐没有什么兴趣，现在这小孩子一来，个个小孩子都有兴趣了，不仅对于唱歌有兴趣了，对于指挥也发生很大的兴趣。

这是什么缘故呢？小孩子是很容易受人暗示的，小孩子喜欢看小孩子的样子。

有的小孩子说话很响，我们不说他，也不必骂他，我们只要对他说，某某小朋友说话多轻，多么可爱，这样他就会说话很轻了。

小孩子容易接受我们的意思，容易接受我们的暗示，这种暗示，我们要明白。

一个两岁的小孩子，在路上跑，一个不当心，被石头一绊，噗的一声跌在地上。母亲听见了赶快跑出来，看见小孩子扑在地上，就大声喊道："不得了！不得了！"一跑到小孩子的旁边，就问小孩子说："痛了吗？痛了吗？宝宝乖！不要哭，不要哭！"小孩子本来并不哭的，并不觉得痛的，听了母亲说痛了，母亲说不要哭了，就觉得痛了，就哭起来。这种反暗示的毛病，在我们日常生活中常常犯的。

到了晚上，领了小孩子到房间里面去，房间里没有灯，父亲就对他说："不要怕！不要怕。"其实小孩子当初并没有怕的意思，给他父亲一说，反而怕起来了。小孩子容易受人暗示。

（二）儿童是好动的。没有一个小孩子生来不好动的，不好动的小孩子，不是呆子，就是病儿。

3 个月的小孩子，躺在床上，就会车水似的踢脚，敲鼓似的打拳。6 个月的小孩子，看见好看的东西，就会来拿，拿了就会放进嘴里去吃。9 个月的小孩子就会在地上爬来爬去。1 岁大的小孩子，不会走路的话，就会扶着桌子椅子沿来沿去。到了 1 岁多一点，会走路了，战胜空间了，他的动作的范围就扩大了。到了 1 岁半，他还不十分会走路，但是匆匆地走到这里，走到那里，这样做做，那样做做。若是我们要像他一样的动作，就会觉得很累。小孩子到了 4 岁，他的动作能力格外大了，他会跑了，一天除了睡眠之外，简直不肯静坐 5 分钟。五六岁的儿童，那更加好动了。我们应当怎样利用这样好动的心理去实施适当的教育呢？

动作究竟是什么意思呢？对于他有什么好处呢？动作就是经验，就是知识。他不用手去玩冰，怎样知道冰的冷呢？他不用眼睛去看美丽的蝴蝶，怎样知道蝴蝶的美丽呢？他不用耳朵去听音乐，怎样会知道音乐的优雅呢？

好动是经验的原动力，是知识的发动机，我们要让小孩子去运用双手，睁开眼睛，张开耳朵，与大自然、大社会发生接触，获得具体的经验。

（三）儿童是喜欢游戏的。游戏是儿童的第二生命。小孩子只喜欢两桩事，一桩是吃，一桩是玩，玩比吃还重要。从游戏中，小孩子可以得许多经验，兴趣就很浓厚了。

今天在幼稚园，小朋友研究萝卜，老师先请他们吃生萝卜，小孩子都吃了，没有显出特别的情绪。老师教他们用萝卜做飞机大炮，一个个都伸着手要来做，做的时候，他们的快乐，比吃萝卜的时候，不知还要多多少倍呢！游戏比吃还重要，游戏是儿童的第二生命。

（四）儿童是喜欢听好话的。没有一个儿童喜欢人骂他的，也没有一个儿童不喜欢人称赞的，很小的小孩子，就有这种表示。

前几天，我看见我的小孩子一心（9 岁）画图画得相当的好，我就称赞他说："画得好！画得好！你写一个名字，写一个日子，写你的岁数，我把你的图保存起来。"他听了非常快乐！

小孩子喜欢别人称赞他的，你要小孩子怎样做，就应当怎样称赞他。

（五）儿童的心理是会变迁的。上面所讲的是几种普通的儿童心理，儿童的心理是逐渐改变的，婴儿的心理与幼儿的心理不同，幼儿的心理与少年的心理不同，少年的心理与青年的心理不同。

在婴儿的时代，小孩子都是在家里的，父母就是小孩理想中的人物，父母的一举一动，他都要模仿的，父母的话，他肯听的。

到了幼稚园，父母与老师对于小孩子，有平均的力量，幼稚园的老师，也能支配他的行动。到了小学，老师的话比父母的话有力了；到了中学，儿童的思想也改变了，他的理想人物不是老师，是世界的伟人了；但是他的同学差不多可以控制他的行动，他的同学怎样做，他也怎样做，在这个时候，他喜欢成群结队，发生团体的活动了。

我们知道了儿童各时期的心理，就可以明了怎样教他了。

二、让儿童自己做

我们做父母的，都希望小孩子能够自己管理，自己生活，自己思想，自己做人。这一种愿望，凡是做父母的都有的，但是实际上做父母的常常违反这种愿望，反而使小孩子没有机会去管理自己，没有机会去自己生活，也没有机会去独立思想。

我常常说，做母亲的最好只有一只手。这句话你们听起来一定很奇怪，假使我们仔细考察起来，这句话是很有意思的。

我常常看见母亲替小孩子做这样，做那样，一天忙到晚，而小孩子反而没有机会去做去动。

小孩子自己会盛饭了，做母亲的替他代盛。小孩子自己会穿鞋子了，做母亲的还是替他代穿。小孩子自己会扣纽子了，做母亲的还是替他代扣。小孩子会叠被了，做母亲的还是替他代叠。小孩子自己会整理书桌了，做母亲的还是替他代整理。甚至于小孩子自己会思想了，做父母也替他代想。一切的一切，凡是小孩子应当自己做、自己能够做的，做父母的总是替他代做。这样小孩子如何能生长呢？如何能学习呢？如何能独立呢？

做父母的应当明了自己的责任。你们的责任，是帮助小孩子生活，是帮助小孩子自立，是帮助小孩子做人。

现在我们来研究研究看，小孩子怎样能够自立呢？

（一）凡是小孩子自己能够做的，应当让他自己做。小孩子不能单独做的事，或者一时做不起来的事，我们才帮助他做。

　　独立的生活，也要从小养成的。4个月的小孩子，就要和父母在一起。我的第二个小孩子，独自睡在床上，她母亲坐在她的旁边做针线，她并不觉得寂寞，但是母亲一离开她，她就要哭。我们开始训练她，不能一天到晚有一个人在旁边服侍她，所以我们训练她一个人睡在那儿，母亲尽管可以离开半个钟头或一个钟头。你若不愿走开，可以在隔房工作。假使小孩子没有得到这种训练，一天到晚一年到头没有离开父母，到了三四岁、五六岁的时候，还是离不了的。所以有时候一个小孩子到了6岁应当进学校了，还是不肯离开父母的。这种依赖性，是不应该有的。我刚才讲过就是4个月大的小孩子，好像不容易离开，我们也应该离开他。到了大一点，独自生活的时候应当来得长。会坐的时候，就让他一个人自己坐。会爬的时候，我们就让他自己爬。会走的时候，让他一个人自己走。会玩的时候，让他一个人自己玩。小孩子要自己做，自己生活，自己从做中得着快乐，从做中获得各种知识，学习各种技能。所以关于一切的饮食起居，凡是小孩子自己能够做的，我们不要替他代做。做是他的权利，这种权利，我们做父母的，不应该剥夺他的。但是一般的父母，总是喜欢去替他代做，去剥夺他的权利，所以我想最好做父母的用一只手就够了。

　　（二）凡是小孩子自己能够想的，应当让他自己想。小孩子一时想不到或者不能够完全想到的，我们可以间接地帮他想。小孩子平常不大用思想的，我们应当积极指导小孩子去思想。

　　有一天，我的小女儿吃了饭，没有把饭碗放在桌子里边，那时候我第一个感想，就要叫她把饭碗移进去。仔细一想，这种命令，是没有多大意义的。我就是这样指定，她就是这样做，下次她还是会那样做的。所以那时候，我就问她说："小妹妹！这只饭碗放得好吗？"她说："放好了。"我说："真的放好了吗？"她想了一想，把饭碗轻轻地推进去了。我就问她说："你为什么要推进去呢？"她说："这样放碗不会落在地上敲破。"我说："对了！"我又继续问她："下次吃了饭，饭碗也要这样放吗？"她说："是的！"这是我提示她，使她记住下次把碗放进去。

我们要叫小孩子自己主动去想，自己说出来，我们不必替他想，不必替他说。

今天吃晚饭的时候，碗筷还没有放好，椅子还没有摆好，我就对 9 岁的小弟弟说："我们不是现在要吃饭吗？"他说："是的。"我说："这样可以吃饭了吗？"他说："不可以，晓得！晓得！"他就立刻去把椅子放好，碗筷放好。我要他自己去想，自己去做，也不必命令他，给他一个机会。

新近家里买了两盏灯，一盏是湖南货，一盏是浙江货。湖南货点起来，灯光又亮又白。浙江货灯光发红，点起来，灯光容易生烟，灯罩容易熏黑，这盏灯的问题，究竟在哪里呢？我不直接去告诉我的小孩子，要他们自己想想看。他们就把这两盏灯详细地比较了一下，他们立刻看出了一点不同的地方。他们说："浙江货的灯帽，一边是连在灯上的，一边可以开关的，点起来灯光就不直，灯帽发热，开关的一端就会自动地往上开开跷起。开始的时候，你可以把它关住，过了几天，一个机关就松了，所以灯火不能直上容易冒烟。不仅如此，浙江货的帽子比湖南货的帽子来得高，一部分的光线，就被帽子遮盖了，所以不大亮。你看湖南货，就不是这样的，帽子不连在灯上，可以取上取下，非常灵便。帽子也不很高，光线就不会遮住了。"

这是他们自己想出来的理由，这理由是很对的。

一天到晚不知道有多少事情，我们总不给小孩子想的机会，也不引导他去想，无怪乎小孩子不会想了。小孩子是能够自己想的，我们应当让他自己想。他一时想不到，或者不能够完全想得到的时候，我们可以间接地启发他去想。

（三）小孩子应当有充分的设备。我们已经知道小孩子是好动的，所以我们应当给他动的东西，要他自己去动，自己去做。没有东西给他玩，他当然要吵，当然要来烦扰你。

我看见一个小孩子，没有东西玩，也没有地方去玩，一天到晚跟着母亲要东西吃。他吃了这样就要吵那样，总是"妈！我要吃东西"。母亲觉得讨厌，就把他敲一顿，敲了之后，他总是哭，哭了之后，还是要吃。所以我们要小孩不缠扰，要小孩子独立，你应当给他适当的设备，让他自己玩，自己找快乐。

什么设备呢？这个问题是相当的复杂，详细的情形留待将来再说。现在我们略提出几种来，给做父母的做一个参考。

一岁以内的小孩子，应当有摇铃、铜鼓玩。他不会走路，他只会爬，他可以在运动栏里独自玩弄，布做的动物和洋娃娃都是很好的玩具。

两岁以内的小孩子，会走了，他的活动能力大了，我们应当给他响鸭牵，坦克车拉，摇马摇，积木搭，竹图摆，图书看。

三四岁的小孩子，积木竹圈还是很好的玩具，沙箱、粘土那是再好没有了，滑梯、秋千、剪刀、蜡笔，都是很好的工具。

五六岁的小孩子，图书故事可以看看，针锤木片可以敲敲钉钉，做什么飞机大炮，做什么椅子桌子，还有放水枪，吹肥皂泡，各种简单的棋子，小孩子都喜欢玩的。小孩子玩的棋子，三岁的小孩子就很喜欢玩。动物棋、跳棋，五六岁的小孩子一定可以玩的。棋子可以发展儿童自己去思想，自己去解决问题。

七八岁的小孩子，除了上面所说的几种玩具教具设备以外，最好有一个独自工作的地方。在那里他可以画画，他可以看书，他可以做游戏，各种东西，都可以安放在一定的地方。我们应当训练他"保管"、"整理"的习惯，也可以养成他自己工作、自己消遣的兴趣。

九岁、十岁的小孩子，动作的能力格外大，我们应当鼓励他收集各种昆虫的标本、各国邮票、各种钱币、各种时事图画的剪贴。

总之，我们要小孩子不论大的小的，能够自动，能够思想，能够独立，我们必须要给他适当的玩具教具，充分的工具设备。

（本文是《家庭教育》1947 年再版时增补的一章。）

怎样做父母

（1948 年）

序

上海市国民教育实验区，举办空中教育讲座，要我播讲有关儿童教育的诸问题。

这本小册子上的文章，就是我所播讲的材料。内容以父母教育为主体，但因限于时间，每一题目，都只讲了短短的 15 分钟，所以题材上不能够尽情地发挥。

我常常看到许多做父母的，都免不了有这样一个错误的观念，以为只要把小孩子送进学校，管教问题都可由学校解决，自己只要负一部分养卫的责任。固然，在学校方面是不能推诿其责的，但不与家长取得密切的联系与合理的配合，恐怕还是不能称职的，要不然，并非我特意要强调，但事实上有许多孩子的坏习惯多少还是在家庭里有意或无意中养成的。何况今日的国民教育，处处受着客观条件的限制，所以能尽到一部分的责任已经是很不容易了。这里，我希望做老师的与做父母的能多多注意这一问题，共同来负起这培养新的民族的幼苗的责任。

末了，要声明的，本书是由王霞量、陶蔚文两位先生代我整编的，并此致谢。

陈鹤琴　民国 37 年 5 月 12 日

怎样使小孩子不哭

小孩子与成人不同。小孩子高兴的时候会天真地笑，逢到不如意的时候就会放声大哭。小孩子为什么常常要哭？我们有什么方法可使他不哭？

哲学家对小孩子的哭有两种说法。一种说小孩子的哭很好听，好比是天上的音乐；一种说小孩子的哭就是抗议，是反抗这万恶世界的呼声。卢梭就曾经这样说过。我们且撇开这些，就生理上来讲，小孩子的哭也是必然的现象。譬如小孩子在胎儿时候，肺是扁平的，还没有起呼吸作用，一生下来，就因为气管与肺部受了空气的压力，所以这个时候小孩子一定会哭，假如不哭，倒有生命的危险。小孩子由于生理上的缘故而哭的有几种：

第一种是"饿"。小孩子在饿的时候就会哭，我们要使小孩子不哭，就要让他按时进食。

第二种是"痛"。小孩子碰撞了身体，或因别的东西触痛了他，他也会哭的。做父母的，也须随时检点。

第三种是"渴"。小孩子与大人一样，也需要喝水，人乳虽然有水分，但是还不够。所以我们应照吃乳的时间，吃两次奶中间，要给他喝一次水，口渴而不得水喝，也是要哭的。

第四种是"冷"。小孩子冷了也要哭的。做父母的应随时注意，应随时给他增添衣服。

第五种是"热"。小孩子热了也要哭的。小孩也很怕热，也很怕强烈的太阳光。

第六种是"疾病"。小孩子一有了病就会哭。做父母的必须随时检查小孩子的体温，要研究病的原因，有了病立刻请医生治疗。

第七种是"不舒服"。他觉得不舒服，就要啼哭。

我们要减少小孩子哭，就要研究他哭的原因，是不是饿了，或者是因痛，因渴，因冷，因热，因病，还是有什么地方不舒服？我们明白了他哭的原因，就可以设法解除它。

从心理上来分析小孩子哭的原因，最重要的有三点：

第一点是"惧怕"。小孩子怕听奇怪声音，或者小孩子晚上不肯睡觉，大人故意说猫来了，狗来了威吓他，使小孩子养成一种惧怕的心理，或者听了一些神鬼之类的故事，他就会哭。

第二点是"暗示"。譬如小孩子跌了一跤，本来不哭，也不觉得痛；有些人偏喜欢说些"小宝宝不要哭啰"、"小宝宝不痛啰"这一类的话，因此一提，小孩子不哭的也要哭了，不痛的也要叫痛了。

第三点是"习惯"。小孩子的坏习惯，都是由大人们养成的。譬如当睡醒的时候，看见旁边没有人就哭起来，而大人也常常如此，非要等到小孩子哭了才会去抱他，若第一次如此，第二次如此，就养成了小孩子睡醒时候哭的习惯。又如吃东西，小孩子总喜欢要吃这样，要吃那样，假使大人不答应他就哭，如果他哭了你就让他吃，那么以后凡是他要不到东西时，都会以哭作要挟。

小孩子为什么常常要哭？我要问一问大人为什么不管，至少是大人管得不好，也不是小孩子喜欢哭，而是因生理上与心理上的要求。

这里，我希望小孩子的父母以及老师，要随时研究如何能使小孩子少哭，如何避免小孩子哭，否则，一天到晚只听到小孩子的哭声，大人固然难受，就是小孩子哭多了，也要影响健康的。

怎样培养小孩子的良好习惯

首先，我们要研究的，习惯是什么呢？习惯是一种行为，是一种不知不觉不假思索的行为。譬如走路，便是一种习惯的行为。在走路的时候，是不必加以思索的，假使要加以思索的话，恐怕连路也都走不好了。又如我们下楼梯，也是一种不必加以思索的行为，假使要加以思索的话，就会妨碍下楼梯。所以说，习惯是一种自然的、不假思索的、不知不觉的行为。

美国有一位心理学家说："行为就是一种习惯。"这句话是对的。除了少数的例外，一切行为都是习惯。在一天里面，起床、穿衣、穿鞋、洗脸、漱口、吃饭拿碗筷，甚至上办公室拿笔，都是一种习惯，这些事假使要加以思索的话，也许都成问题了。

其次，我们要谈到的是习惯与人生的关系。一个人假使养成了一种良好习惯的话，他将得到很多的益处，一生受用不尽。假使习惯不好的话，那么，将使他一生蒙受害处。举例来说：一个 3 岁的小孩子，偷人家的东西，他的父母不直接地加以纠正，那无异是一种间接的鼓励，后来就会慢慢养成一种偷的习惯了。我曾经走过一个地方，那地方的对江的人，很不客气，总是开口骂人，闭口骂人，大人是这样，小孩子也是这样，好像不骂人就说不出话来一样。这也就是因为那地方普遍的养成一种骂人的习惯了。但是也有些地方有些人却养成了一种好的习惯。就是我们口头所常说的"对不起"、"请"、"谢谢"这三句话。譬如一个人碰倒了另一个人，连忙说声"对不起"，那个人也许会说"不要客气"，或"没有关系"，不致引起冲突。你看，讲"对不起"这句话的习惯是多么好啊！30 年前，我在美国的时候，曾亲眼看到有一个父亲要他的女儿去拿一样东西，他说："亲爱的！请你给我把里面房子书架上的书拿来。"不久，女儿就把她父亲所要的书拿来了，父亲说："谢谢你！"于是女儿感到很大的愉快，说："爸爸！别客气！"这里，你看"请"与"谢谢"两句话又是多么的好啊！所以习惯的好坏与人生是有莫大的关系的。

再其次，我要谈习惯的种类。习惯有多少种呢？我以为有生理上的习惯与心理上的习惯两种（其实习惯是分不开的，它就只有一种，这里我们只是为了说明的方便勉强地把它分开来）。生理上的习惯如吐痰，中国人是最不讲究这个习惯的，总是随地乱吐，现在我们要展开一种吐痰入盂的运动，把这种运动推进到学校里去，使学生自小就有这种良好的习惯，因为习惯是要自小养成的，大了再来养成这种习惯就困难了。从前我国有一个外交大臣到外国去出席一个盛大的宴会，在宴会上他把痰吐在很讲究的地毯上，外国人看了很不顺眼，中国其他的代表看了也很不舒服，觉得丢脸，他自己也感到难为情。这便是他自小没有养成一种生理上的好习惯。生理上的习惯是比较简单的，至于心理上的习惯，那就比较复杂了。如办公守时的习惯，假使没有这种守时的习惯，那么工作的效率一定要减低。再拿对待生活的态度来讲，那是比较更复杂了！有些人养成了乐观的态度，遇事都很积极，都有兴头去干，如前面有一个希望似的；有一种人养成了一种悲观的态度，遇事消极，做事不起劲，还没有做就好像会失败。不过，生理上的习惯与心理上的习惯其实是分不开的，是有联系的，只是从简单到复杂而已。

最后，我要谈养成良好习惯的方法。怎样养成良好的习惯呢？良好的习惯要从小养成，中国有句古话"慎之于始"，就是这个意思。如婴儿初生的时候，假使大人不放他在床上而抱在怀里睡的话，不消一个星期，就会养成要睡在怀里的习惯。又如小孩子的大便，假使没有养成定时大便的习惯的话，将会影响他身心的健康。要养成这种定时大便的习惯，必定要天天使他这样做，久而久之习惯便养成了。不过，在这种习惯没有养成以前，不能够有例外，即使大人在那时候有了别的事故，也不要忽略这种事情。还有一点尤其需要注意的是教育的环境，我认为一个好的习惯养成，父母是负有很大的责任，像父母的言行，暗示，对于儿女的习惯形成有极大的影响，因为父母与小孩在一起的时间长久，一举一动都很容易使小孩子模仿，其他在小孩子周围的人，也要影响到小孩子的习惯。所以，环境的教育对于习惯的养成，是有密切关系的。

总之，习惯与人生有很重要的关系。我们必须培养小孩子们有良好的习惯，不只是生理上的习惯，而且是心理上的习惯。要养成生理上与心理上的习惯，不但要"慎之于始"，而且要"慎之于终"，有恒地继续下去，不要间断，同时必须注意到养成此种良好习惯的教育环境。

怎样使小孩子到处受欢迎

我以为小孩子生来就很可爱，可爱便到处受人欢迎！

拿动物来说，即使是小猫、小狗，都那么可爱，更何况是小孩子呢？当然小孩也有不可爱的，譬如病呀，哭呀，脏呀，没礼貌呀，油腔滑调呀，虚伪呀，自私呀，诸如此类都是不可爱的，不受人欢迎的。

不过，一般人对于可爱的小孩子却有一种误解，他们以为那些安静而不好动、一句话也不讲的小孩子是可爱的，其实那有什么可爱呢？要是这是可爱的理由，那么，那些木偶就更可爱了？其次，有人以为那些很听话的要他走东便走东、走西便走西的小孩子是可爱的，这也是一种误解。因为那仅是一种盲目的服从而已！还有一种人以为那些小老头儿似的小孩子也很可爱，实际上年纪小小的便那么老气横秋，一点天真的气味都没有，那有什么可爱呢？

一般人对于不可爱的小孩子也往往有一种误解，他们以为多问的小孩子是不可爱的，譬如小孩子们总喜欢问东问西，什么太阳哪边出呀，月亮哪边落呀，父母们便认为这种小孩子太噜嗦，很讨厌！其实这些小孩子倒像是小科学家！又有些父母们认为好动的小孩子是不可爱的，譬如他们喜欢弄这样弄那样的，好好的一只表把它拆散开来，好好的一本书把它涂得一塌糊涂，哪里知道他们拆表是有他们的用意，是被一种好奇心所驱使，要看看表为什么会走的；哪里知道涂书也是有他们的用意，也许他们在学写字呀，画画呀，假如你以为多问与好动是不可爱的，那简直是你不懂得爱小孩子！

可爱的小孩子是怎样的呢？我认为要：

（一）仪表好 —— 仪表包括外貌与风度。所谓外貌，如头发梳得整整齐齐，衣服穿得干干净净；又所谓风度，就是要大方，不鬼鬼祟祟。

（二）常有笑容 —— 一个小孩子要是满面笑容，那是多么的可爱！你看，常常笑的小孩子总是处处受人欢迎，整天哭丧着脸的呢，是多么使人讨厌呀！

（三）动作很自然 —— 所谓动作自然，就是不做作，一举一动都出于自然，然而这种自然的动作，却不是乱动。

（四）说话有礼貌 —— 我以为要使小孩子说话有礼貌，必须把握下面三把金钥匙。这三把金钥匙，第一把就是要教会小孩子说"谢谢"的习惯，当人家给他做好了一件事情的时候，要教他说"谢谢"；第二把是教会小孩子说"对不起"的习惯，当他对人做了一件不太好的事情的时候，要教他说"对不起"；第三把是要教会小孩子说"请"的习惯，当小孩子有求于人的时候要教他说"请"。有了这三把金钥匙，一定到处受人欢迎。

（五）谦让与照顾——一件事，当别人为主动我为被动的时候要"谦让"，谦让才不致会冲突，当我为主动别人为被动的时候要"照顾"。这也就是要引导小孩子走上"自助助人"的道路。譬如家里有客人来了，教他搬凳子、倒茶；又如人家落了东西，教他替人家拾起来。小孩子有了这种照顾他人的习惯，那一定会受人欢迎的。

（六）天真烂漫——有些父母教小孩子骗人，有的甚至骗到了东西，竟会夸奖他，这种父母实在要不得。小孩子一定要一点也不虚伪，快乐的时候，就尽情快乐，不高兴的时候就不妨让他哭一场。

（七）健康——健康可分为两种，就是生理的健康与心理的健康。生理的健康是心理健康的基础。有了它才有快乐，才有行为的美，才能天真烂漫地表现得很自然。至于心理的健康是常常为人所忽略的，在这里我要提出来谈谈，就是不要自卑，要养成小孩子的自尊心。

做父母的或做教师的，假使要想孩子们受人欢迎，你一定要教小孩子学会上面的几点，做到了，小孩子是顶可爱的！

怎样消除小孩子的惧怕心理

小孩子的惧怕心理是好的呢，还是坏的呢？我说：有好也有坏。不过坏处多于好处。什么样的情形是有好处呢？譬如火灾的时候，假如小孩子不怕火，就难免有生命的危险；假如他怕火，那么他就知道怎样去避开，这是好处。不过这种好处是有条件限制的，是要使小孩子当怕的才怕。至于坏处，却不胜枚举，这里我且举几个例子来说。

从前我认识一位女同学，她是在美国学生物学的，有一次要解剖一条蚯蚓，但是她很怕，不肯动手，于是她改学医。而学医呢，也必须要解剖，做实验，结果她学医也没有学成。我在江西的时候，去视察地方教育，路过樟树下，看到许多天蚕，一个同行者显得很害怕的样子，我就问他为什么这样害怕，他说因小时候他的祖母曾拿蚕来吓过他，所以现在看了，明明知道并不可怕，却仍然会感到害怕。我有一个小侄子，他最怕"鬼"了，有一次我同他和他的哥哥在晚上一道出去，他必须走在我们两人中间。其实哪里有鬼呢？这一种害怕的心理，都是不应该有的。

现在我们来谈一谈这个惧怕心理是先天遗传的呢，还是后天养成的？要明了这一点，且把我所做的对于我的孩子的5年中的心理研究，来做一个说明。我观察我的孩子的惧怕的原因，大约可分为四大类。第一类是生理的反应。譬如听到一种大的声音，或做一种下坠或举高的动作，他就会惧怕。又如听到一种古怪的声音，他也会害怕的。第二类是怕见古怪的东西。有一天，我把洋伞撑开，他一看到就害怕了，因为他没有见过这些东西。第三类是暗示作用，如父母看到了老鼠喊怕，小孩子也就会怕。在黑暗中如父母说那里有什么东西在动，小孩子虽然没有看到什么东西在动，但他也会怕的。第四类是迁移的惧怕。这一类可说是交替反射的惧怕。这意思是说由怕这一样东西而迁移到怕那一样东西。从前美国心理学家华生，曾做过一个实验，让小孩子在玩弄白鼠的时候（他原来是不怕的），走在他的背后用铁锤一敲，小孩子一听这突如其来的声音，就非常害怕。后来竟由这一种突然的声音而怕白鼠了，最后甚至连白色的东西他都害怕了。我有一个朋友，有一次带了他的孩子去探望朋友，在朋友家的门口，遇见了一只狗，狗对他们"汪汪"地叫起来，小孩子就吓得大哭。后来这小孩子连狗一类的动物像猫等也害怕起来了。

这些怕都是不必要的。所以我们要避免小孩子发生这种惧怕的心理，但怎么才能避免呢？我以为，第一，如在夏天乘凉的时候，或者冬天围炉取暖的时候，千万不要拿一些鬼怪的故事讲给孩子们听。第二，不要人吓人，如有些人故意恐吓小孩子取乐，这是不对的。第三，做父母的也不要恐吓小孩子，像有些父母，当小孩子哭的时候，常常说什么强盗来了，猫来了，狗来了……用这些话去恐吓小孩子，那都是不应该的。第四，要避免暗示作用，譬如以打雷来说，实在并不可怕，但是常因父母怕雷而暗示了小孩子也怕雷了。第五，不要使小孩子因怕这样而引起他怕那样，要尽量避免这种交替反射的惧怕。如有一次，我带了孩子去看戏，当戏演得最精彩的时候，我知道观众们一定会鼓掌的，于是我预先叫小孩子拍手，后来观众们果然鼓起掌来，而我的孩子也不怕这鼓掌声了。

我以为很多成人的惧怕心理，大都是在儿童时代养成的。所以我们要注意消除小孩子惧怕心理的发生。

怎样培养小孩子的勇敢精神

在没有讲到本题以前，我想先来讲两个故事。一个是小孩子偷狐狸的故事：从前希腊有个小孩子，偷了一只狐狸，怕被人瞧见，把狐狸藏在衣里。狐狸在衣里不能出来，便在他的胸前乱抓乱咬，但是他忍受着，不动声色，以免人家看出破绽。结果呢，他竟被狐狸抓咬死了。还有一个是小孩子堵水的故事：从前荷兰有个小孩子，一天走过堤边，看见堤间有个漏洞，水从漏洞里流出来，他想如果尽让水那么流，漏洞必然越来越大，水必然越流越多，对于城内的居民是一种灾祸，于是使用手掌挡住那个漏洞，使水不再流出来。挡着，挡着，到第二天早晨人们发现他的时候，他的手仍然那么挡着，但他却已经奄奄一息快要死了。

这两个故事说明了什么呢？前一个故事中的小孩，表面上看来，似乎是非常勇敢的，其实却不是真正的勇敢；后一个故事中的小孩子，才是真正勇敢的小孩子。这话怎么说呢？这里我且对真正的勇敢与似是而非的勇敢作一个解说：

（一）以大克小的不是勇敢，以小克大的才是勇敢。

（二）以强克弱的不是勇敢，以弱克强的才是勇敢。

（三）以众暴寡的不是勇敢，以寡抗众的才是勇敢。

（四）避难就易的不是勇敢，临难不苟免的才是勇敢。

（五）不知成败不知利害的不是勇敢，知成败知利害的才是勇敢。

这五点不能截然地分开去看，它应该是有联系的。譬如那个偷狐狸的小孩，他之所以使人觉得似乎是勇敢，因为他至死仍忍受着痛楚，不动声色，但他却不知利害，不知成败，这里我们假设他偷狐狸成功了吧！还不是一身耻辱，无光荣可言，又何况有生命危险的利害关系呢？而堵水的小孩子就不然了，他虽然牺牲了个人的性命，却救了全城内的居民，这就是所谓"见义勇为"、"杀身成仁"了。

在中国，也有很多可歌可泣的勇敢故事。嘉靖年间，倭寇骚扰沿海地方，半夜里用云梯偷袭嘉善城，城上的将士们因为日日夜夜地防守，疲乏不堪，都打瞌睡了，这时恰巧有个石家小孩子走过，看到这种情形，急忙叫醒守城的将士们，起来杀敌，他自己虽然年纪小，也参加作战，结果不幸受难了，然而嘉善城却因他而保全，救了多少老百姓！今日嘉善城还有一个石童子像，就是为了纪念他这种勇敢行为的。这种勇敢行为是以小克大和以弱克强的知利害知成败的，是真正的勇敢。有些人认为一个轻生的人，勇于自杀，也是一种勇，其实不然，因为他是丧失了生的勇气，不敢正视现实，才生这个短见，这是一种避难就易的法门，不是勇敢，真正的勇敢要能临难毋苟免。我们不需要似是而非的勇敢，而要有真正的勇敢。真正的勇敢是要自小养成的，因此我要谈谈怎样培养小孩子的勇敢精神。我以为：

第一，身体要健康。做父母的和做老师的首先要培养小孩子健康的身体，有了健康的身体，遇事才易于勇敢，我们看，那些身体弱的人，往往遇事推诿，不敢放手做，自然更难于希望他勇敢了。

第二，心理要健康。做父母和做老师的必须使小孩子有常态的健康心理，消除那些不必要的恐惧心理或胆怯，发挥他的勇气。

第三，要有合理的教导方法。合理的教导方法是什么呢？（一）讲故事：小孩子最喜欢听故事，做父母的和做教师的可以讲那些勇敢的故事给他们听，如荷兰小孩的故事，石童子的故事，使他们能去模仿故事中的勇敢人物；（二）看话剧：很多话剧中都穿插着勇敢的行为，你可以带小孩子去看，使他们得到正面的暗示；（三）电化教育：电影、卡通里面也有很多是勇敢行为的场面，里面的动作，都可借作小孩子激发勇敢精神的暗示。此外各种播讲，也有直接关系到勇敢的讲话，可以叫小孩子细听；（四）讲述勇敢的意义和必要：做父母的和做教师的要分析勇敢的含义给小孩子听，使他们了解真正的勇敢是什么，为什么要有勇敢的精神。

总而言之，我们要培养小孩子的勇敢精神，其方法很多，在于做父母的和做教师的能够活用。我所讲的，不过是具体的几点罢了。

怎样激发小孩子最后 5 分钟的勇气

一件事情的成败，决定在最后 5 分钟。中国有句古话说"行百里者半九十"，也就是说明最后 5 分钟是成败的关键。如何克服这种困难来战胜敌人，那是一个最重要的问题，比如会赛跑的人，开始时一定跑得较慢，但到最后便得鼓足勇气向前直冲，因为成败决定于最后的一刹那。

法国有一个造窑的人，当初他花了很多的钱，但是一次两次三次都失败了，到最后钱都没有了，他就把桌子、椅子拿来烧，他的太太起初很愿意帮助他，后来看到他屡次失败，他还要继续的做，她以为他简直发疯了，可是就在最后一次，他竟然成功了。哥伦布航行于大海洋中，中途不知遭遇了多少的困难，他的同伴也都劝他不如回头算了，然而他坚持着，乃至最后发现了新大陆。你看，最后的时刻是多么的重要啊！

大家都晓得，要能克服困难，才能成功。困难越大，其成功也愈可贵。怎样克服最后的困难呢？就必须激发最后 5 分钟的勇气。这种勇气，要从小时候培养起。

第一，培养小孩子健康的身体。健康的身体是一个基本条件，要是身体不好，意志虽然坚强，却没有支持到最后 5 分钟的可能，如程咬金只有三斧头的力量，那是不能取得最后胜利的。我们必须使孩子们能够吃苦；冷热都能抵抗；冰天雪地里可以去，暴热酷暑中也可以去，临到紧要关头，才有余勇可贾。

第二，锻炼小孩子坚强的意志。有了健康的身体，再与坚强的意志配合起来，才能克服种种困难，才能激发最后 5 分钟的勇气。如从前苏格兰与英格兰作战，屡次失败，苏格兰的国王简直是心灰意懒了，但在第七次失败的时候，他看见一个墙角上蜘蛛结网的情形，它几次织成，几次被毁，然而它还是继续的织，最后终于织成了。苏王看了就兴奋起来。马上收拾残兵败将，卷土重来，终于战胜了英格兰。我们必定要有这种坚强的意志、百折不挠的精神，才能克服困难。我个人有四个字作为我的座右铭："决不灰心"！每当我有了困难的时候，我就想到这四个字，以鼓起勇气，继续去努力。我们也要使小孩子养成自信心，不要怕难而停止，不要畏敌而后退，虽然每件事不能依照直线式的做去，但不妨转弯抹角地做，直到成功为止。

第三，培养小孩子科学的态度。实际上，科学的态度，就是一个人能够成功的保证，历史上有好多事实，可以说明这一点。譬如中山先生从事革命工作已 40 余年，为了要推翻清政府腐败的统治，他不断地进行活动，无数次的失败，所换得的并不是退却，而是继续扩大的无数次的进攻。为什么中山先生能发挥如许浩然的壮气，为什么中山先生不会被困难或失败所征服，而始终坚持革命，直到成功而后已呢？原因就是中山先生具有科学的态度，在这种科学的态度指导之下，中山先生认识了革命的道路，在解救国家民族的危亡上看，是非常正确的，他看清楚了历史的道路，把握住了客观的环境，因而，他具有百倍的信心，来作为勇敢、坚持的最大后盾。我们不难想见，科学的态度的建立，简直就是激发小孩子最后 5 分钟勇气的基础。

第四，教导小孩子正确的方法。我常常这样想，一个最能成功的人，就是最善于运用方法的人。善于运用方法的人，因为他把握得住正确的方法，对于成功先就有百倍的信心。因而，他们就能顺利地解决困难，遇事便坚持到底，并在最后 5 分钟发挥最大的勇气，这自然不会是偶然的。所谓正确的方法，就是客观的、变化的、因时空条件的不同而善于转变的方法。完形学派心理学家，曾引述了这样一个例子：把猴子关在笼中，笼中挂着香蕉，旁边有竹竿与木箱，猴子饥时想吃香蕉，但挂得太高，取不到，于是它便想出了另一方法，立刻拿竹竿来取香蕉，可是竹竿长度还是不够，香蕉仍旧取不到，这时它又能另外采取一种方法，立刻站到箱子上，用竹竿取下了香蕉。动物都能用各种不同的方法来完成一项工作，人类更是不成问题了，只要我们时常加以注意，来培养小孩子善于运用各种方法的能力，使他不致为困难所困惑时，想不出其他的办法，因而消极、怯懦，乃至退却下来。这样说来，激发小孩子最后 5 分钟勇气，还须使小孩子能善于运用正确的方法才是。

小孩子办事的态度必须从小教起，各种优良的习惯养成了，则最后 5 分钟的努力与勇气，便自然而然地激发起来。

怎样使小孩子不说谎话

说谎是什么意思呢？说谎是作弊与欺骗在言语方面的表现。这种欺骗与作弊是最要不得的，大而言之，直接地或间接地有害于国家民族，拿那些贪官污吏来说吧，就是一种惯于说谎的典型人物；小而言之，亦足以使个人人格破产。第一，是损失自尊心。一个人是不能没有自尊心的，大而至于失却自尊心，不看重自己，则自暴自弃，什么事都做得出来。第二，是损失信用。得不到别人的同情与帮助，从前不是有过一个"牧羊儿与狼"的故事吗！当牧羊儿第一次说谎，在山冈上大喊"狼来了"的时候，别人听了，连忙跑来替他赶狼，可是他却怡然自得，以为愚弄了别人一次；哪里知道这样一次说谎，竟播下了失信的种子，当真的狼来了，他惊慌失措大喊"狼来了"的时候，人家以为他又在撒谎，不来救他了，而他竟至被狼咬死。林肯说："你能欺骗少数的人，你不能欺骗大多数的人；你能欺骗人于一时，你不能欺骗人于永恒。"这是多么中肯的话啊！

说谎绝不是偶然说说的，必定是养成了一种说谎的习惯，而这种说谎的习惯大多数又是自小养成了的。因此，我要谈谈怎样使小孩子不说谎。要使小孩子不说谎，必要先了解小孩子说谎的原因。小孩子为什么要说谎呢？我以为：

（一）小孩子怕父母或教师的打骂。有些做父母的与做教师的，每逢小孩子做错了一样事，便要骂小孩子或打小孩子；小孩子怕骂怕打，便用说谎来掩饰自己的过错；这种掩饰往往得到父母或教师的宽恕，于是第二次第三次做错事时，便再用说谎来求得宽恕了。

（二）逃避现实。有时小孩子为了不愿做或不能做某样事时，便叫头痛呀！肚子痛呀！用各种口实去欺骗父母或教师，而这种口实又往往得到父母或教师的同情，因此以后便也常常找寻口实去推诿了。

（三）好虚名，要面子。一件事本来不是他做好的，但如果说是他做的，可以得到奖赏，面子光彩，于是他说谎了。一件事本来是他做的，但做得不好，怕丢脸，于是他说那件事不是他做的，也说谎了。

（四）贪利。很多小孩子因为口馋，要吃东西，便说肚子饿。又有些小孩子为了要得到很高的分数或奖品，便在考试时作弊，还硬说自己的本领高人一等。这都是为了贪利的缘故，才说谎的。

小孩子说谎的原因知道了，那么怎样纠正他，而培养他诚实的习惯呢？

第一，要了解小孩子。小孩子愿做什么，能做什么，希望得到什么，你一定要了解；了解了小孩子的心理与能力，然后教他去做；在做的过程中，你要帮助他去发现问题，克服困难，使事情做成功，而得到奖励；要消除他说谎的动机，鼓励他脚踏实地地去做。

第二，暗示。暗示有两种，一种是正的暗示。譬如有两个小孩子在一起，一个是诚实的，另一个是喜欢说谎的，你要对那个诚实的小孩子嘉许，奖励他，使那个说谎的小孩子感动，走上诚实之道；其次一种是反的暗示，譬如你的小孩子跑来报告你一件事时，你要信任他，不要说："真的吗，你不要骗我呀！"如果你这样说，在小孩子的心灵上，就种下一个说谎的种子，以为说谎原可以骗的。我们必须应用正的暗示去感动小孩子，不要用反的暗示去刺激小孩子说谎的动机。

第三，榜样。做父母的或做教师的要以身作则，去做诚实的事，不要在小孩子的面前说谎。我们知道小孩子的模仿性最大，耳濡目染，都会效法的。有时你还可以讲诚实小孩子的故事给他听。譬如华盛顿小时候砍樱桃树的故事。有一天，华盛顿在园里砍了一株樱桃树，他的父亲知道了，非常气愤，华盛顿急忙跑去承认，说是他砍的，这时他的父亲不但不责备他，反而嘉许他，鼓励他处处要像这样诚实；以后华盛顿事事做得切实，决不说谎，终至成就了伟大的事业。像这样的故事，你可讲给小孩子听，拿故事中的人物去做他的榜样。有一种榜样是不好的。譬如，一个母亲要打牌，不欲招待客人，嘱咐他的小孩子说："如果有客人来，你就说妈不在家。"等客人来了，小孩子便照着母亲的话说谎："妈不在家。"这是一种不好的榜样，很容易使小孩子养成说谎的习惯。他既可照母亲的话去欺骗客人，自然他就可以照自己的意思去欺骗别人，甚至是自己的母亲。因此，我们要做好的榜样，坏的榜样千万不要做。

这三点，我们做父母的或做教师的应该随时随地注意，务必使小孩子不说谎，建立起诚实的习惯。

怎样指导小孩子求学

求学是有方法的。有了方法，可以让两年的学习时间而收到四年的学习效果。所以做父母的与做教师的应该指导小孩子怎样求学的方法。

求学不仅限于读书，而是包括了学做人，学做事，学做学问。但有一个先决条件，应培养小孩子先立志，因为有了志向，做人、做事、做学问就有目的，也会起劲。不然，让一个小孩子糊里糊涂地去学，那一定学不好的。这是什么原因呢？我以为志向好像是一股电流，人好像一部机器，电流一通，机器就会活动，如果没有电流，机器虽好，也是枉然的。我自己就深深地感觉到有了志向就会努力学习。在我年轻的时候（大概15岁到28岁的一个阶段里），每天总是5点钟起床，起早可不是一件很容易的事，尤其是冬天，外面的天气那么冷，被窝里那么暖，谁不想多留恋一会儿呀！但是我有志向，我认为求学必定要成功，才能有贡献。因此虽然冷，我也会一下跳起来的。所以做父母的与做教师的也一定要鼓励小孩子要立下志向，要小孩子有这个坚决的意志来努力求学。

但是单单有志向而没有方法的话也是没有用处的。我们再看那些一天到晚读死书的，有什么用处呢？我以为方法就好比一把钥匙，假使没有一把钥匙，锁就开不开，像瞎子在暗中摸索一样。我有两句话："处处有学问，人人皆吾师。"什么叫做"处处有学问"呢？举例来说，譬如生长在江西山野间的茜草（一种开紫色花的植物），当初大家都不知道它的用处，只是把它采作柴烧，后来一经发现，才知道正是英国人与日本人所制造的蜡纸的原料。这不是一种学问吗？又如瓦特，他看到水壶的盖子在水沸的时候向上顶的情形，他就觉得奇怪，于是他一想再想，就想出了道理来，发明了蒸汽机。这不又是处处有学问吗？许多事情的发现，都是这样问出来的，都是这样想出来的。假如我们不去问，懒得想，那就无异是有眼的瞎子。所以我很希望为人师的、为父母的都应该教小孩子要处处留心，因为这个大自然大社会里，还有更多更宝贵的东西，等着我们去发掘呢！什么叫做"人人皆我师"

呢？我再举个例来说。抗战时期，我在江西文江办学校，看到那里都是种的糯稻，我很奇怪，就去问一个老农，他就告诉我说，这儿的土地在两寸以下就很冷，所以只适宜于种糯稻。我们就拿这个表面很简单而实际却很复杂的问题来看，就包含了许多的知识，而这个老农做了我们的老师了。不仅是老农，木匠、竹匠、民间艺人都可以做我们的老师，就是最被人轻视的乞丐吧，也有可以做别人老师的地方。因为每一个人都有他所宝贵的生活经验与学识的，不要错过一切学习的机会。这讲的是指导小孩子求学的基本态度。下面我要讲的是求学的方法。不过我想先问一问大家，为什么要小孩子求学呢？

也许有人会说，求学就是求学，还有理由吗？如果是这样的回答，我要厌你太直率了。假使你的回答，说是有理由的，那我再要问一声，你的理由是不是为了"书中自有黄金屋，书中自有颜如玉"，希望你的小孩子将来能"学而优则仕"呢？假使你真的存着这样的想法，我要特别提醒你，任凭你的小孩子怎样的发愤忘食，甚至也学着古人的"悬梁刺股"，或"凿壁偷光"，"囊萤映雪"……但这书还是白读的！要是你的回答是为要他们学做人，学做事，学做学问，这里我也要问你：做怎样的人呢？做怎样的事呢？做怎样的学问呢？

大家或者会这样说："不是太噜囌吗？问这问那的问个不了！你自己说说看，今天我们应该做怎样的人？做怎样的事？做怎样的学问？"如果要我回答，我可很简单地告诉你："要做中国人，要做现代的中国人，要做现代的世界人。"也许大家会奇怪，难道我们不是现代的中国人吗？难道我们在另一个星球上做人吗？对！问题就在这里！要做现代人就要做得像。现今社会上许许多多被淘汰而被认为落伍的都因为做不像"现代"两个字，那些在敌伪时期的汉奸走狗们，就因为他做的不像中国人。如苏联等国家早已用机器耕种了，而我们还是用的老方法，就是做得不像现代的世界人。再说做怎样的事，做怎样的学问，那我的回答更简单了：是要做对大家有益的事，做有益的学问。

其次，要讲的是叫小孩子们读些什么书呢？

这里，为了行文便利起见，分做两点来说：一种是指书本上的书，一种是指没有字的书。

我常常会体味到读一本有价值的好书，好像吃一个成熟的苹果，它不仅有那美丽的颜色，并且还有更丰富的养料和鲜美的滋味。我们给小孩子们读的书，就要选择那丰富有养料的书，可以吸收的书。第二种是没有字的书，关于这点，我在活教育上所常讲的"大自然，大社会，就是我们的活教材"，就是我今天所说的没字的书，活的书。

现在讲求学的方法。分做实验观察、阅读参考、发表创作、批评研讨四个步骤来说明。

第一，实验观察。譬如说，我们看到一张桌子，单凭直觉地去看，那桌子就是桌子，只有一个形象，没有其他的意义了，但如果去精密地观察，这桌子的大小、桌子的名称、做这桌子的木料，与它的用途……就有一连串的问题跟着来。如我们把筷子放在水中，看起来为什么发生折光作用呢？又如大家都知道的金子放在灯光下就呈现了白色，诸如此类的问题，实在太多了，但如果不是精密地观察，不加以反复地思考，不经过亲身的试验，哪里会知道这个变的理由呢？何况在这变化万状的大自然、大社会里，我们真正能认识、了解的事物实在太少了！所以，我主张教小孩子们求学的方法要实验观察，就是这个意思。

第二，阅读参考。因为观察一件事物，很可能由于他本身的观点与理论不够正确，而闹出"闭门造车"的笑话来，也很可能因这一事物本系初见，如果就贸然地下判断，也难免要犯"挂一漏万"的错误，并且有某些事物绝不能仅凭其现象而可能窥其全豹，而必须了解这一现象的客观环境与形成这一现象的各种因素。例如看了日食之后，就要研究形成这日食的原因，就得要参考天文学这一门功课，不然，仅仅观察了日食的现象，还是不够的。所以为学的第二步工作，就要多方面地阅读参考了。其实无论学哪一种学科，除了知道本科应知的常识以外，还得靠其他的学科来帮助这一学科更深一层的了解。

第三，发表创作。求学不是为了谋个人发展的秘制的单方，学问也不应限于少数人所享受的"私有财产"，而是为谋大众的利益，为将来能多做一些事作准备，也不像时下一般士大夫们所夸耀的"高不可攀"的"法宝"，而是做人所必须具备的。饭要大家吃，事要大家做，书当然也要大家读，读书的机会更应该平等，绝不许让少数人去享受与包办，所以我的意思：研究学问，有了心得，有了观感，或者比人有独到的地方，就要告诉大家，但不仅是要大家去如法炮制，跟着你学，更要紧的一点是要大家来批评研讨，是要大家来批评这一学问的研习的真确性。同时以学习心理而论，要小孩子们尽量发表创作，也是一种更好的做法，更好的鼓励方法。

第四，批评研讨。对一件事物的看法，各因其立论与生活经验的不同而显示了差异。但有些事物，常常被某些人所曲解，经过一番巧妙的化装，弄得似是而非，使别人不易看出"是"的一面，被蒙混过去。譬如虫类里的蝴蝶，种类很多，要是看的时候粗心一点，就分不清楚。又如有些旧小说与民间故事里，和一些史书上，描写那些帝王大臣，说什么他是龙种呀，太白金星下凡的呀，有些地方简直描写得使我们有想象不到的神圣、高贵，而老百姓也好像生来就是一副贱骨头，应该替他们做牛马做奴隶。其实，这些皇帝大官与常人有什么差别？还不是有意曲解事实，蒙混是非吗？所以我们教小孩子观察事物，一定要教他有真实的观点，要指导他们多就事实去批评研讨，要他们从极单纯的做而发展到高级的做，那才行！

末了，我希望做父母的与做老师的教导小孩子，千万再不要用填鸭式的方法来硬装，也不要时做时辍，而是必须循循善诱，有规则地引导他们走上一条学习的路，这也是要紧的。

小孩子不是出气筒

人类的情绪是容易激动的，美国的心理学家华生（J. B. Watson）

把爱、惧、怒三种情绪反应，视为人类最原始的情绪型式。华生的说法是否正确？我们现在并不在研究情绪的理论，所以，暂不去管它。不过，从他的这种说法中，可以看出愤怒在人们情绪生活中的重要。就常情来说，任何人都避免不了愤怒，说得轻松一点，即所谓"脾气"。

"脾气"谁没有呢？尤其在今日的社会中，到处都有"气"使你消受，社会愈不安，经济愈窘迫，人们受"气"的机会便愈多，而"出气"的机会也愈多。中西先哲，每有劝人受"气"而勿"出气"的，这种说法，在今日确已值得考虑了。因为心理科学告诉过我们，假使一种情绪的激动，而不予适当的发泄，结果必致造成心理的或生理的失常。所以，今天的问题，并不在如何压制"气"，而是在如何"出气"。

出气的方式，可以说是很多，最原始的莫过于蹬脚、摔物。有许多人在正气愤的时候，就双足乱蹬，之后一股气就烟消云散了；或者是乱摔东西，我们常看到酒馆的桌碗被顾客们摔翻的事件，这种方式，虽说粗野，他对于"出气"的目的，却是可以达到的。一般没有修养的人，往往用这两种方式来发泄内心的气愤。

至于文人雅士呢？他们又有自己的出气的办法，所谓吟诗作乐，就是一般被人视为最清高的出气方法，他们在忍受"气"的时候便朗诵一些诗，创作一首诗，或者唱一首歌、奏一曲琴，借文字与音乐，来驱散自己心头的愤恨。

最消极的办法，莫过于用烟酒来麻木自己的神经，用生理上的极度激动，暂时地使气愤消沉下去。很明显的，这种出气方法，是太消极，太无用了。因此，有些人便采用了相反的态度，他们要把气愤化为一股毅然决然的力，以此来反抗气愤，来改变气愤，来毁除气愤的根源。

不管是蹬脚摔物，吟诗作乐，或积极或消极，终究采用这种方式的还是不甚普遍。通常最流行的方式，恐怕要算"迁怒于人"了。在迁怒于人之中最容易被用来作出气对象的，就是小孩子。

为什么小孩子最容易被人用作出气筒呢？大概就因为小孩子力量弱，没有办法反抗。同时，在成人的心目中，总以为小孩子不懂得什么，拿小孩子来出气的事实，因此就非常的普遍了。

在家庭中，父亲在外面受了气以后，回家就对小孩子出气；夫妇之间，有了一点口角，也就迁怒小孩子，在小孩子身上出气。不但做父母的要拿自己的小孩子来出气，就是学校中的教师，也每每拿学生来出气。尤其近年来，由于教师生活的清苦，为柴米油盐，教师们的心境时常是很沉重的，因此，有时是无缘无故的会骂起小孩子来。我还看见过许多家庭中的保姆，他们受了主人的责骂之后，没有地方出气，于是，就狠狠地把小孩子抱起来，重重地把小孩子放在桌上或地上，弄得小孩子莫名其妙，大惊痛哭。

拿小孩子来出气是很容易的，可是拿小孩子来出气，却正害煞了小孩子。父母把小孩子当作出气筒，无缘无故骂小孩子，打小孩子，使小孩子对打骂成了家常便饭，以后，小孩子真的犯了错误，你要责罚他时，他对这些习以为常的责罚，早已司空见惯，不会发生任何反应。这是第一个害处。

有时候，父母因以小孩子出气，自己先是满肚皮的气，打骂起来便不择手段。我还记得有个做母亲的，自己受了别人的气，把自己3岁的小孩子猛地往路旁一摔，结果把小孩子的门牙跌断了，满口的鲜血，真叫人心痛；后来，我看到那小孩子门牙缺了，说起话来，漏风得怪难听，这还算是小事！假使那时把小孩子的手脚摔断了，那不是害了他一生吗？成人这样做，于心何忍？所以，拿小孩子出气，容易造成小孩子终身的遗憾。这是第二个害处。

小孩子有小孩子的意志，小孩子有小孩子的人格。成人应当尊重小孩子的意志，尊重小孩子的人格，任意把小孩子当作出气筒，这我们应当力予反对。

成人们！当我们受到别人的气的时候，应当仔细地想一想，针对问题，探求合理的解决，消除受气的原因，要尊重小孩子的意志，要尊重小孩子的人格，切不可拿小孩子来作出气筒！因为小孩子不是我们的出气筒。

（本文是作者于 1948 年在上海播讲有关儿童教育诸问题的讲稿，由上海华华书店汇编成册出版，原册共十讲，现选其中九讲。）

图书在版编目（CIP）数据

家庭教育/陈鹤琴著. —2 版. —上海：华东师范大学出版社，
2013. 1

ISBN 978-7-5675-0278-9

Ⅰ. ①家… Ⅱ. ①陈… Ⅲ. ①家庭教育 Ⅳ. ①G78

中国版本图书馆 CIP 数据核字（2013）第 023515 号

大夏书系·名家经典

家庭教育（第二版）

著　　者	陈鹤琴
策划编辑	李永梅
审读编辑	杨　坤
装帧设计	戚开刚
责任印制	殷艳红

出版发行 华东师范大学出版社
社　　址 上海市中山北路 3663 号　邮编 200062
网　　址 www. ecnupress. com. cn
电　　话 021－60821666　　行政传真　021－62572105
客服电话 021－62865537
邮购电话 021－62869887　　地址　上海市中山北路 3663 号华东师范大学校内先锋路口
网　　店 http：//hdsdcbs. tmall. com/

印刷者 三河市龙林印务有限公司
开　　本 710×980　16 开
插　　页 1
印　　张 16
字　　数 200 千字
版　　次 2013 年 5 月第二版
印　　次 2025 年 6 月第四十次
印　　数 180 001－182 000
书　　号 ISBN 978-7-5675-0278-9/G・6162
定　　价 42.00 元

出版人 朱杰人
（如发现本版图书有印订质量问题，请寄回本社市场部调换或电话 021-62865537 联系）